Birgit S. Seibold

# Kluge Frauen

80 Portraits außergewöhnlicher Frauen
und ihrer Verdienste

*für Emily zu ihrem 21. Geburtstag*

Birgit S. Seibold

# KLUGE FRAUEN

80 Portraits außergewöhnlicher Frauen
und ihrer Verdienste

**Bibliografische Information der Deutschen Nationalbibliothek**
Die Deutsche Nationalbibliothek verzeichnet diese Publikation in der Deutschen Nationalbibliografie; detaillierte bibliografische Daten sind im Internet über http://dnb.d-nb.de abrufbar.

Bibliographic information published by the Deutsche Nationalbibliothek
Die Deutsche Nationalbibliothek lists this publication in the Deutsche Nationalbibliografie; detailed bibliographic data are available in the Internet at http://dnb.d-nb.de.



ISBN-13: 978-3-8382-1564-8


Printed in the EU

Es gibt Hunderte Wege für den Gutgesinnten, in der Welt zu wirken. Das Wirken durch Schreiben ist nur dann sinnvoll, wenn einer das Alte und das ewig Wahre wirklich neu und seiner Zeit gemäß aussprechen kann.

Hermann Hesse

# Inhalt

# Vorwort

Mein Buch „Kluge Frauen“ ist eine Kurzbiographiensammlung von 80 Frauen, von berühmten und nicht berühmten, also eher unbekannten Frauen.

Es sind Frauen mit Berufen und Tätigkeiten aus allen Sparten der Gesellschaft, aus mehreren Jahrhunderten und aus vielen Ländern.

Alle haben eines gemeinsam: was sie taten war bahnbrechend, außergewöhnlich, oft auch fantastisch, so dass sich der Leser wohl fragen mag, warum er diese einzigartige Frau gar nicht kennt oder bestenfalls gerade einmal ihren Namen gehört hat.

Mag sein, dass die eine oder andere „Feministin“ dabei ist, doch viele der beschriebenen Frauen nahmen gar nicht wahr, dass sie als Vertreterinnen der Rechte der Frauen gesehen wurden, oder lehnten dies sogar ab. Sie waren es dennoch, denn sie fungierten als Vorbilder.

Ich denke, diese 80 Frauen sollten so gesehen werden, wie und wer sie waren, was sie taten, schufen, wie sie lebten. Auch was sie hinterließen.

Sie alle haben wichtige Beiträge für unsere Gesellschaften, ja, für unsere Welt geleistet. Und es darf auch nicht vergessen werden, dass sie das alles unter erschwerten Bedingungen taten.

Die Rechte, die wir Frauen heute genießen, haben uns Frauen früherer Jahrhunderte erst möglich gemacht. Das, was wir heute als selbstverständlich erachten, war nicht selbstverständlich.

Nur eine Frau, die weiß, wie schwer diese Rechte errungen worden sind, kann sie schätzen und sieht sie als Privilegien.

So wünsche ich uns allen das, was Mary Wollstonecraft bereits im 18. Jahrhundert für die Frauen gewünscht hat:

Ich wünsche für die Frauen keine Macht über Männer, aber die Macht über sich selbst.

Ludwigsburg, den 1.1.2021
Dr. Birgit Seibold

## Hatschepsut

Pharao; um ca. 1500 v. Chr.

Noch zu wenig ist von Hatschepsut bekannt, zu viel wurde von teils unbekannter Hand nach ihrem Tod zerstört. Hatschepsut war die Tochter des Pharao Thutmosis I. und mit ihrem Halbbruder Thutmosis II. verheiratet. Als dieser jung starb, sollte Hatschepsuts Stiefsohn, der noch minderjährige Thutmosis III., den Thron erben. Doch Hatschepsut übernahm die Regentschaft für ihn und berief sich auf ihre Titel „Königstochter, Königsschwester, große königliche Gemahlin und Gottesgemahlin". Hatschepsut, deren Name die Bedeutung „die erste der vornehmen Damen" hat, legte im Folgenden alles Weibliche ab, um den Thron des Pharaos zu erlangen. Sie kleidete sich in Männergewändern, trug einen Kinnbart und die Doppelkrone und unterwarf sich der Priesterschaft, so dass sie am gleichen Tag wie ihr Vater, dem 29. Peret II, zum Pharao gekrönt wurde. Unter Hatschepsuts Regentschaft sollte Ägypten eine Epoche des Friedens und wirtschaftlicher, sowie politischer Stabilität erleben. Sie ließ Expeditionen nach Punt, dem Weihrauchland, unternehmen, – vermutlich war dies die Küste Somalias –, von dort ließ sie Weihrauch, Ebenholz, Elfenbein und Gold nach Ägypten bringen. Sich selbst hat sie mit dem Tempel in Deir el-Bahari ein Denkmal gesetzt.

# Nofretete

Hauptgemahlin des Pharao Echnaton; 14. Jahrhundert v. Chr.

Nofretete bedeutet „die Schöne ist gekommen". Berühmt wurde sie durch ihre Büste, die im Ägyptischen Museum in Berlin ausgestellt ist.

Wenig ist über ihre Herkunft bekannt. Man vermutet, dass sie der ägyptischen Oberschicht angehörte. Als junge Frau heiratete sie Amenophis IV., mit dem sie sechs Töchter hatte. Nach dem vierten Regierungsjahr benannte sich Amenophis IV. um in Echnaton und diktierte den Monotheismus. Alle Götter bis auf den Sonnengott Aton wurden abgeschafft, zugleich zog man in die neue Regierungsstadt Achet-Aton um. Nofretete bekam den Namenszusatz „Der Vollkommenste ist Aton" und spielte eine wesentliche Rolle im Aton-Kult. Sie wurde zu einer Art Mitregentin gemacht und nahm eine gleichwertige Position zum König ein.

Wann und wie sie starb, ob vor oder nach Echnaton, ist noch unerforscht. Man vermutet, dass sie im Jahr 1338 v. Chr. entweder verstarb oder dass sie den Namen Semenchkare annahm und die Thronfolge zusammen mit ihrer Tochter Meritaton antrat.

# Kleopatra

Pharaonin; geb. im Jahr 69 v. Chr., gest. am 12.8.30 v. Chr. in Alexandria

Kleopatra VII. war 18, als ihr Vater Ptolemäus XII. starb. Gemeinsam mit ihrem jüngeren Bruder Ptolemäus XIII. übernahm sie die Regierung Ägyptens, nach zwei Jahren musste sie vor ihm fliehen. Im Jahr 48 v. Chr. macht sich Cäsar für Kleopatra stark und so ging sie als die im Grunde wahre Herrscherin Ägyptens hervor, mit Ägypten als treuem Bundesgenossen Roms. Kleopatra und Cäsar wurden ein Paar, ihr Sohn Kaisarion kam 47 v. Chr. zur Welt. Im Jahr 44 v. Chr. wurde Cäsar ermordet, Kleopatra kehrte nach Ägypten zurück und setzte Kaisarion als ihren Mitregenten ein. Um 42/41 v. Chr. begann Kleopatra ein Verhältnis mit dem Triumvirn Marcus Antonius und hatte mit ihm die Zwillinge Alexander und Kleopatra. Marcus Antonius ging nach Rom zurück und heiratete dort die Schwester Octavians. Im Jahr 33 v. Chr. kommt es zum ersten öffentlichen Zerwürfnis zwischen Marcus Antonius und Octavian. 32 v. Chr. lässt er sich von Octavia, der Schwester Octavians, scheiden. Im Winter 33/32 v. Chr. stellt Marcus Antonius in Ephesos ein Heer auf und zieht dann im Sommer 32 v. Chr. mit Kleopatra nach Athen.

Octavian entkleidet Marcus Antonius aller seiner römischen Ämter und erklärt ihnen den Krieg. Aus der Seeschlacht bei Actium geht Octavian siegreich hervor. Marcus Antonius stürzt sich in sein Schwert, Kleopatra lässt sich von zwei giftigen Schlangen beißen. Ägypten wird römische Provinz, Octavian lässt Kleopatra mit königlichen Ehren neben Marcus Antonius bestatten.

*Kleopatra – eine Schönheit? Auf Münzen und Abbildungen wird ein eher herbes Gesicht mit großer Nase, ausgeprägtem Kinn und schwerlidrigen Augen gezeigt. Kleopatra faszinierte mit ihrer Art und ihrem Esprit und sprach neun Sprachen fließend.*

# Sappho

Griechische Lyrikerin; geb. vermutlich 635 oder zwischen 617 und 612 v. Chr. in Eresos, gest. um 570 – 560 v. Chr. in Mytilene

Wenig ist über das Leben der Sappho bekannt. Sappho war die Tochter des begüterten Weinhändlers Scamandronymus und seiner Frau Cleis. Über ihr genaues Geburtsdatum streiten sich die Historiker. In Mytilene, der Hauptstadt Lebos schloss sich die junge Sappho der Dichterschule des Archilochos an, dann wurde sie mit dem reichen Kaufmann Cercylas von der Insel Andros verheiratet. Aufgrund politischer Wirren musste Sappho 16-jährig nach Pyrrha auf Sizilien ins Exil gehen, wo vermutlich ihr Mann verstarb. 586/585 v. Chr. oder 591 v. Chr. kehrte sie zusammen mit ihrer Tochter Cleis nach Lesbos zurück und gründete in Mytilene einen Kreis zur Ausbildung von Mädchen und jungen Frauen, der hohes Ansehen genoss. Die Schülerinnen erhielten Unterricht in Poesie, Musizieren (Lyra oder Kithara), Gesang und Tanz und wurden auf ein tugendreiches und sittlich einwandfreies Leben vorbereitet. Sappho war den meisten ihrer Schülerinnen mit großer Zuneigung verbunden und bedauerte aufrichtig, wenn sie sie nach ihrer Ausbildung wieder verließen.

Von Sappho sagte man, sie sei in die Dichter Archilochos und Hipponax verliebt gewesen. Mit ihren Freundinnen Atthis, Telesippa und Megara teilte sie sich zeitweilig das Haus.

Sappho war wohl die bedeutendste Lyrikerin der Antike, sie hinterließ Gedichte, Gesänge und Hymnen, auf die Liebe, einzelne Göttinnen wie Aphrodite und Hera, die Musen und Chariten, Dichtungen zu besonderen Anlässen, auf das Leben, aber auch zu Krieg, Tod und Verfall, in ihrer ihr eigenen nuancenreichen Sprache. Um die 200 Gedichte und Gesänge sind zum Teil fragmentarisch überliefert. Zahlreiche Sagen und Legenden ranken sich um sie.

Eine Legende überliefert ein eheähnliches Verhältnis mit ihren Freundinnen, eine andere eine homoerotische Beziehung mit ihren Schülerinnen, so dass ihre Heimatinsel Lesbos nun den Begriff für die Bezeichnung der Liebe von Frauen zueinander geprägt hat.

## Xanthippe

Gemahlin des Sokrates, ca. 5. Jahrhundert v. Chr.

„Xanthippe war ein böses Weib, der Zank war ihr Zeitvertreib" und „hätte Xanthippe keinen Sokrates zum Manne gehabt, so wäre uns ihr Name wohl kaum überliefert", schreibt der Philosoph Eduard Zeller. Das ist richtig. Xanthippe ist bekannt wie keine andere, sie ist der Inbegriff einer streitsüchtigen, keifenden Frau, die ihrem Ehemann die Hölle auf Erden bereitet. Wie aber war die leibhaftige Xanthippe, die Frau des Sokrates und Mutter seiner Söhne? Wir wissen, dass sie bitter weinte, als Sokrates sich auf seinen Tod durch den Schierlingsbecher vorbereitete. Herzlos war sie jedenfalls nicht. Auch bestritt sie Sokrates Haushalt gut, trotz seines bescheidenen Einkommens. Tüchtig war sie also auch. Friedrich Nietzsche behauptete sogar, dass „Sokrates eine Frau fand, wie er sie brauchte", und Sokrates selbst sah in seiner Frau eine Lehrmeisterin für seine philosophischen Studien. Er sagte, wie Xenophon überlieferte: „Ich legte mir diese Frau zu, weil ich gewiss war, wenn ich sie ertragen könnte, würde ich mich leicht in alle anderen Menschen finden können."

## Hypatia von Alexandria

Philosophin, Mathematikerin, Astronomin; geb. um 355 in Alexandria, gest. im März 415 in Alexandria

Hypatia kam vermutlich um 355 in Alexandria auf die Welt. Von ihrer Mutter wird vermutet, dass sie früh verstorben war. Ihr Vater Theon von Alexandria war Astronom und Mathematiker, Herausgeber von Euklids „Elemente der Geometrie“ und Kommentator des Almagest des Ptolemaios. Hypatia wurde von ihrem Vater unterrichtet und eignete sich so eine fundierte Bildung an. Dann nimmt sie, so wie ihr Vater, die Lehrtätigkeit auf und unterrichtet Philosophie, Mathematik und Astronomie. Zu ihren Schülern gehört Synesios, der spätere Bischof von Kyrene. Nebenher forscht sie und schreibt wissenschaftliche Abhandlungen. Sie kommentiert die „Aritmetica“ des Diophantos, beschäftigt sich mit den Kegelschnitten des Apollonius und mit der Ellipse, um unregelmäßige Planetenumlaufbahnen zu erklären. Auch als Philosophin wird ihre besondere Gabe, zu den Menschen zu sprechen und Wissen zu vermitteln, gerühmt. Sie verkehrt mit den politisch Mächtigen Alexandrias, auch mit dem römischen Statthalter in Ägypten, Orestes, und ist Wortführerin für die griechische Gemeinde.

Doch Kyrill, seit 412 Bischof von Alexandria, ist ein fanatischer Christ, und die schöne, unabhängige, gebildete, eigenständig denkende und handelnde Hypatia ist ihm ebenso ein Dorn im Auge wie Platons Philosophie.

Im März 415 wird die ungefähr 60-jährige Hypatia grausam ermordet.

Der Mord an Hypatia bleibt ungesühnt.

Viele Gelehrte verlassen die Stadt. Alexandria verliert seine Bedeutung als ein führendes Zentrum der Bildung und Wissenschaft.

*Verteidige dein Recht zu denken.*
*Denken und sich zu irren ist besser, als nicht zu denken.*
*(Hypatia zugeschrieben)*

# Maria Callas

Sopranistin; geb. am 2.12.1923 in New York, gest. am 16.9.1977 in Paris

Als Maria Callas mit nur 53 Jahren starb, war die Musikwelt erschüttert. *Die Callas* war in ihrer relativ kurzen Karriere die größte Opernsängerin im italienischen Fach. Ihre Koloraturen waren unvergleichlich, ihr Timbre unnachahmlich.

Maria Callas, eigentlich Maria Anna Sofia Cecilia Kalogeropoulou, war die Tochter griechischer Einwanderereltern, der Vater betrieb eine Apotheke in Manhattan. Nach der Scheidung ihrer Eltern ging Maria mit ihrer Mutter nach Athen zurück, wo sie das Konservatorium besuchte. Bereits mit 14 Jahren, im November 1938, hatte sie ihren ersten öffentlichen Auftritt in der Cavalleria Rusticana. Sie war talentiert und arbeitete äußerst hart an sich. Dieses Talent entdeckte auch ihr späterer Mann, der Unternehmer Giovanni Battista Meneghini, den sie 1949 heiratete, und von dem sie sich 1959 wieder scheiden ließ. Aristoteles Onassis war wohl der Grund dafür.

Maria Callas sang an den meisten großen Opernhäusern der Welt, ihr Repertoire umfasste 43 Partien, ihre wohl beeindruckendste Interpretation war Bellinis Norma. Sie war die Primadonna assoluta.

# Maria Montessori

Ärztin und Pädagogin; geb. am 31.8.1870 in Chiaravalle,
gest. am 6.5.1952 in Noordwijk aan Zee

Maria Montessori war eine Ausnahmeerscheinung. Sie entstammte einer gut bürgerlichen Familie, ihr Vater arbeitete im Finanzministerium, ihre Mutter stammte aus einer Gutsbesitzerfamilie. Maria war sehr begabt, interessierte sich für Mathematik, für die Naturwissenschaften und die Theologie. Zunächst fürs Medizinstudium abgelehnt, studierte sie an der Universität Rom Naturwissenschaften, dann ab 1892 Medizin. Am 10. Juli 1896 promovierte sie und wurde die erste „Dottoressa" Italiens. Das Studium war steinig und mit viel Kritik und Diskriminierung aufgrund ihres Geschlechts verbunden. Nach Jahren der klinischen Arbeit und der Forschung auf neuropsychiatrischem Gebiet studierte sie erneut, dieses Mal Pädagogik, Psychologie und Anthropologie.

Am 31. März 1898 war ihr Sohn Mario aus der Beziehung mit Dr. Giuseppe Montesano unehelich auf die Welt gekommen, den sie in die Obhut einer Pflegefamilie gab und dann 1913 zu sich nahm. 1899 wurde sie für zwei Jahre Direktorin der „Scuola magistrale ortofrenica". 1907 eröffnete sie das erste Kinderhaus „Casa dei Bambini" in dem armen römischen Bezirk San Lorenzo.

1909 veröffentlichte sie „Il metodo della pedagogia scientifica" und hielt ihren ersten Ausbildungskurs darüber. Nun folgten Reisen und Vorträge, weltweit wurden Montessori-Kinderhäuser und -Schulen eröffnet. Trotz erheblicher Rückschläge und des Eingreifens der Faschisten in Italien, brachte sie mit der Unterstützung ihres Sohnes Mario die Montessori-Bewegung nach dem 2. Weltkrieg, den sie in Indien verbracht hatten, wieder zum Leben. Von 1946 bis zu ihrem Tod am 6. Mai 1952 lebte sie in den Niederlanden. Ihr Sohn Mario führte bis 1982 die Leitung der „Association Montessori Internationale" fort.

*Warum war Maria Montessori so außergewöhnlich? Die Prinzipien der Montessori-Pädagogik, die sie entwickelte, geben uns einen kleinen Einblick:*

- *Das Kind in seiner Persönlichkeit achten und als ganzen, vollwertigen Menschen sehen*
- *Seinen Willen entwickeln helfen, indem man ihm Raum für freie Entscheidungen gibt; ihm helfen, selbständig zu denken und zu handeln*
- *Ihm Gelegenheit bieten, dem eigenen Lernbedürfnis zu folgen; denn Kinder wollen nicht irgendetwas lernen, sondern zu einer bestimmten Zeit etwas ganz Bestimmtes*
- *Ihm helfen, Schwierigkeiten zu überwinden statt ihnen auszuweichen*

# Isabella I.

Königin von Kastilien; geb. am 22.4.1451 in Madrigal de las Altas Torres, gest. am 26.11.1504 in Medina del Campo

Sie galt als eine der klügsten Frauen ihrer Zeit. Isabella I. von Kastilien und Leon war die Tochter König Johanns II. und seiner zweiten Frau Isabella von Portugal. Emanzipiert wie sie war, suchte sie sich ihren Ehemann selbst aus und vermählte sich am 19. Oktober 1469 mit Ferdinand von Aragon. Es folgten Jahre, in denen sie um die Krone Kastiliens kämpfen musste, aber es gelang ihr, den kastilischen Thron zu besteigen, ebenso wie ihrem Gatten, den Thron Aragons. Dadurch wurden mit Kastilien, Leon und Aragon weite Teile Spaniens vom Königspaar regiert und somit eine Grundlage für ein gesamtspanisches Reich gelegt. Auf Betreiben von Isabella I. und Ferdinand II. erließ im Jahre 1478 Papst Sixtus IV. die päpstliche Bulle „Exigit sincerae devotionis“, mit der die Inquisition begann. Sie richtete sich hauptsächlich gegen zum Christentum konvertierte Juden und Mauren. Der Beichvater der Könige, Tomas de Torquemada, war der Generalinquisitor, und die Inquisition wurde bald vom Königshaus kontrolliert. 1494 verlieh Papst Alexander VI. Isabella und Ferdinand den Titel „Reyes Católicos“. Die Vertreibung der Mauren von spanischem Gebiet begann 1481 und endete 1492 mit der Eroberung des Emirats von Granada. Zusammen mit dieser Reconquista wurde das Alhambra-Edikt erlassen, das alle Juden zwang, entweder zum Christentum überzutreten, oder das Land zu verlassen. Mit dem Wörterbuch „Universal vocabulario en latín y en romance“ von Alfonso Fernádez de Palencia 1490 und der „Gramática de la lengua castellana“ von Antonio de Nebrija 1492 sollte durch die Pflege der gemeinsamen kastilischen Landessprache weiter die Einheit des Landes vorangetrieben werden. Am 17. April 1492 unterschreiben die katholischen Könige die „Capitulaciones de Santa Fe“ mit Christoph Kolumbus, der dann im Oktober des gleichen Jahres auf San Salvador, Kuba und Haiti stößt und mit seinen Schätzen aus der Neuen Welt ein Jahr später das Königspaar überhäuft.

Im Frieden von Tordesillas von 1495 teilen sich Spanien und Portugal ihre überseeischen Ländereien. Isabella stirbt am 26. November 1504 in Medina del Campo, Ferdinand am 23. Januar 1516. Das Paar hatte 10 Kinder, von denen nur 5 überlebten.

*Isabella schwor, sie werde ihre Unterkleider erst wechseln, wenn die Festung Granada eingenommen ist. Seither heißt die Farbmischung gelb-beige-weiß isabellenfarben.*

# Teresa de Avila

Heilige, Kirchenlehrerin, Mystikerin und Gründerin der Unbeschuhten Karmelit(inn)en; geb. am 28.3.1515 in Avila, gest. am 4.10.1582 in Alba de Tormes

Teresa Sánchez de Cepeda y Ahumada entstammte der adeligen Familie von Alonso Sánchez de Cepeda mit seiner zweiten Frau Doña Beatriz de Ahumada, aus der 13 Kinder hervorgingen. Teresa wurde fromm erzogen, lernte Schreiben und Lesen. 1528 starb ihre Mutter, fortan widmete sie ihr Herz der Gottesmutter Maria. Mit 16 Jahren wurde sie für eineinhalb Jahre zur Erziehung ins Augustinerinnenkloster Santa María de la Gracia in Avila geschickt. Mit 20 trat sie aus Angst vor der Ehe, vor der Hölle, ins Karmelitinnenkloster Santa María de la Encarnación ebenfalls in Avila ein, gegen den Willen ihres Vaters. Am 2. November 1536 wurde sie eingekleidet, ein Jahr später legte sie ihre Ordensprofess ab. Im Jahr darauf brach sie zusammen, wurde schwer krank. Es folgten einige Tage Koma, sowie eine todesähnliche Starre. Beinahe hätte man sie lebendig begraben. Auch danach blieb sie drei Jahre gelähmt. 1560 fand die Gründungssitzung, 1562 die Gründung des Convento de San José der unbeschuhten Karmelitinnen mit Papst Pius IV. Erlaubnis statt, in dem die ursprüngliche Ordensregel des Heiligen Albert von Jerusalem wieder befolgt werden sollte. Teresa hieß fortan Teresa de Jesús. Sie gründete weitere 15 Frauenklöster, ab 1568 zusammen mit Johannes vom Kreuz auch Männerklöster. 1571 wurde sie zur Priorin ihres Klosters ernannt, das zu dieser Zeit bereits auf 200 Schwestern angewachsen war. Johannes vom Kreuz wurde ihr Spiritual und Beichtvater. Teresa starb am 4. Oktober 1582 im Kloster von Alba de Tormes, nachdem sie der Herzogin von Alba bei der Niederkunft beistehen sollte, aber selbst bereits todkrank war. Sie ruht in der Klosterkirche von Alba de Tormes.

*Teresa erlebte Ansprachen, Visionen und Ekstasen. Mit ihren Schriften über mystische Erfahrungen machte sie sich verdächtig, den „Alumbrados“ anzugehören. Ihre Visionen wurden teils als Teufelswerk verurteilt. Dennoch gilt sie als die große christliche Mystikerin. Sie hat der Mystik als Erfahrungswissen von Gott neue Bedeutung gegeben.*

*„Gott will, dass der Mensch seinen Spaß hat.“*
*„Manos que no dáis, que esperáis?“*

*werden ihr zugeschrieben.*

# Maria Theresia von Österreich

Königin von Ungarn und Böhmen, Erzherzogin von Österreich,
geb. am 13.5.1717 in Wien, gest. am 29.11.1780 in Wien

Maria Theresia war die älteste Tochter von Karl VI., Kaiser des Heiligen Römischen Reiches und Elisabeth Christine von Braunschweig-Wolfenbüttel. Kaiserin bzw. „Frau Kaiser“ wurde sie 1745, als ihr Mann Herzog Franz Stephan von Lothringen zum deutschen Kaiser gekrönt wurde. Die Regierungsgeschäfte in den habsburgischen Erblanden führte sie seit dem Tod ihres Vaters, Kaiser Karls VI., im Jahre 1740. Franz Stephan wurde von Maria Theresia in der politischen Entscheidungsfindung mehr und mehr ins Abseits gedrängt und zog sich aus dem politischen Tagesgeschäft zurück. Zeitlebens stand er im Schatten seiner Frau. Hauptgegener der erzkatholischen und konservativen Maria Theresia war der preußische König Friedrich II. Dieser entriss ihr Schlesien mit dem Vertrag von Dresden im Jahr 1745 und dem Frieden von Aachen 1748.

Aber sie gewann auch Gebiete hinzu, wie in der ersten Teilung Polens 1772, Galizien und später die Bukowina. Im Inneren verbesserte sie die Verwaltung, die Finanzen und das Heer. Sie führte die Straßenpflasterung und die Numerierung der Häuser Wiens ein, baute die Börse, das Burgtheater, Schloss Schönbrunn und die Porzellanmanufaktur Augarten, gründete Volksschulen und führte die sechsjährige Schulpflicht ein, förderte die Landwirtschaft, machte den „Erdapfel“ populär, vereinheitlichte das Maß- und Gewichtssystem und ließ 1768 ein neues Strafgesetzbuch herausgeben. Gnadenlos bekämpfte sie Unsittlichkeit mit einem eigens eingerichteten Keuschheitsgericht, intolerant und grausam ließ sie Protestanten und Juden verfolgen. Nach dem Tod Franz Stephans 1765 wurde ihr ältester Sohn als Kaiser Joseph II. ihr Mitregent, der in seinem Toleranzedikt von 1781 den Protestanten und Griechisch-Katholischen wieder freie Religionsausübung zusicherte. Von ihren 16 Kindern, die sie zur Welt brachte, erreichten nur 10 das Erwachsenenalter. Joseph II. stirbt 1790 mit noch nicht einmal 50 Jahren, die Tochter Marie Antoinette erlangt in Frankreich traurige Berühmtheit.

*Der preußische Gesandte Graf Podewils berichtete nach Berlin: „Er (Franz Stephan) veranstaltete heimlich galante Soupers mit ihnen (=seinen Eroberungen), aber die Eifersucht der Kaiserin nötigte ihn, sich darin zu beschränken. Sobald sie bemerkt, dass er irgendeiner Frau den Hof macht, schmollt sie und macht ihm das Leben so unangenehm wie möglich."*

# Elisabeth von Österreich-Ungarn (Sisi)

Kaiserin von Österreich, Königin von Ungarn; geb. am 24.12.1837 in München, gest. am 10.9.1898 in Genf

Elisabeth Amalie Eugenie, Herzogin in Bayern war die zweite Tochter von Herzog Maximilian Joseph in Bayern und seiner Frau Ludovika Wilhelmine. Sie wuchs zusammen mit ihren sieben Geschwistern in München und in Possenhofen am Starnberger See auf. Ihre Mutter Ludovika war die Schwester von Erzherzogin Sophie, die ihren Sohn, Kaiser Franz Joseph von Österreich, mit Elisabeths älterer Schwester Helene zu verheiraten dachte.

Franz Joseph wählte aber die jüngere Schwester, die damals 15-jährige Sisi. Am 24. April 1854 heirateten sie in der Augustinerkirche in Wien. Sisi ist gerade einmal 16 Jahre alt. Die ältere Schwester Helene, Néné, heiratete vier Jahre später Maximilian Anton von Thurn und Taxis.

Mit 17 bekommt Elisabeth Tochter Sophie, mit 18 Tochter Gisela. Erzherzogin Sophie übernimmt die Erziehung der Töchter. Mit gerade einmal zwei Jahren stirbt Tochter Sophie. Endlich, am 21. August 1858 bringt Sisi den Kronprinzen Rudolf Franz Karl Joseph zur Welt. Auch dieses Kind muss sie in die Obhut der Schwiegermutter und des Hofes geben. Rudolf soll eine militärische Ausbildung erhalten. 1859 brach der italienische Unabhängigkeitskrieg aus. Kaiser Franz Joseph reiste selbst an die Front, was seine Frau zutiefst beunruhigte. Er scheiterte in der Schlacht von Solferino. Sisi, die zunächst nur das Spital in Laxenburg eingerichtet hatte, musste nun zusehen, wie sie die Verwundeten in Wien unterbrachte. Franz Joseph musste um seinen Thron bangen. Die Lombardei wurde von Österreich abgetreten. Elisabeth fing an, liberale Zeitungen zu lesen und sich in die Politik einzumischen. Im Juli 1860 kam es zu einem Streit mit dem Kaiser, so dass Sisi mit Gisela zu ihren Eltern nach Possenhofen flüchtete. Der Kaiser hatte nach der Geburt seiner drei Kinder begonnen, sich wieder mit anderen Frauen zu treffen. 1860 stellt eine Zäsur in Sisis Leben dar. Ab sofort geht sie auf Reisen und verbringt so wenig Zeit wie nötig in Wien. Ein fast schon chronischer Husten und ihre schwächliche Konstitution dienen ihr als Vorwand. Im Spätherbst 1860 reist sie nach Madeira. 6 Monate später kommt sie zurück, um dann nach Korfu weiterzureisen. Im Oktober 1861 berichtet der Kaiser von Korfu, dass es Sisi schon besser ginge und dass sie sehr wenig huste. Nun reist Sisi nach Venedig. Hier konnte sie ihre Kinder gelegentlich besuchen. Mitte Mai 1862 reiste sie über Reichenau an der Rax nach Bad Kissingen und von dort aus weiter nach Possenhofen. Erst zum Geburtstag des Kaisers, nach zwei Jahren Abwesenheit, kehrte sie wieder nach Wien zurück. Ab 1866 weilte sie immer wieder in Ungarn. Vielleicht trug sie zum Ausgleich Österreichs mit Ungarn bei. Am 8. Juli 1867 wurden Franz Joseph und Elisabeth in Budapest zum König und zur Königin von Ungarn gekrönt. Zehn Monate später kam ihre Tochter Marie Valérie zur Welt, die sie in Ungarn mithilfe eines Kindermädchens selbst aufziehen durfte. Daher entwickelte sich zwischen und Sisi und Marie Valérie ein inniges Mutter-Kind-Verhältnis. Später vertraute Sisi Marie an: „Die Ehe ist eine widersinninge Einrichtung. Als fünfzehnjähriges Kind wird man verkauft und tut einen Schwur, den man nicht versteht und dann 30 Jahre oder länger bereut und nicht mehr lösen kann.“

In den Jahren ab 1874 reiste sie öfters nach Irland und England. In späteren Jahren weilte sie am Cap Martin (1894/5), fuhr nach Marseille und Nizza und in die Schweiz. So auch am 9. September 1898, wo sie in Genf einer Einladung der Familie Rothschild folgte. Am nächsten Tag, dem 10. September wird sie von einem italienischen Anarchisten mit einer Feile tödlich ins Herz getroffen und stirbt. Ihr Sohn, Kronprinz Rudolf, war schon 9 Jahre vor ihr aus dem Leben geschieden. Als sie gestorben war, rief der Kaiser aus:

„Niemand weiß, was diese Frau mir gewesen ist!“

# Bertha von Suttner
## (Bertha Sophia Felicita Baronin von Suttner, geb. Gräfin Kinsky von Chinic und Tettau)

Schriftstellerin und Pazifistin;
geb. am 9.6.1843 in Prag, gest. am 21.6.1914 in Wien

Bertha Sophia Felicita, Gräfin Kinsky von Chinic und Tettau wurde am 9. Juni 1843 in Prag als Tochter des Grafen Franz-Joseph Kinsky, der vor ihrer Geburt verstarb, und seiner Frau Sophie von Körner geboren. Bertha lernte in ihrer Kindheit und Jugend mehrere Sprachen und beschäftigte sich mit Musik und Literatur. Nachdem das väterliche Vermögen aufgebraucht war, nahm Bertha 1873 in Wien eine Gouvernantenstelle bei der Familie des Freiherrn Karl von Suttner an. Als bekannt wird, dass sie sich in den jüngsten Sohn, Arthur Gundaccar von Suttner, verliebt hat, der ihre Liebe erwidert, wird sie des Hauses verwiesen. Sie geht nach Paris, einer Zeitungsannonce folgend, in der Alfred Nobel eine Sekretärin sucht. Bertha bleibt dort nur ein, zwei Wochen, dann treibt sie die Sehnsucht nach Arthur zurück nach Wien. Sie heiraten am 12. Juni 1876 heimlich, Arthur wird enterbt. Auf Einladung der Fürstin Ekatarina Dadiani von Mingrelien ziehen Bertha und Arthur nach Georgien. Sie verdienen sich dort ihren Lebensunterhalt mit Klavier- und Gesangsstunden, Sprachunterricht und mit dem Schreiben von Zeitungsbeiträgen und Unterhaltungsromanen. Mit Ausbruch des russisch-türkischen Krieges schreibt Arthur Kriegsberichte für die österreichische Presse. Im Mai 1885 kehrt das Paar nach Österreich zurück und versöhnt sich mit der Familie von Suttner. Im Winter 1886/7 trifft Bertha in Paris Alfred Nobel wieder. 1888 veröffentlicht sie „Das Maschinenalter entsteht“, 1889 ihr erfolgreichstes Buch, den Antikriegsroman „Die Waffen nieder!“ Das Buch verhalf Bertha von Suttner zu großer Popularität in der Friedensbewegung. In Paris hatte sie erstmals von der „International Arbitration and Peace Association“ gehört. Nun konnte Bertha in Österreich die Präsidentschaft über die neu gegründete „Österreichische Gesellschaft der Friedensfreunde“ übernehmen. Weitere Friedensgesellschaften entstehen in Italien und in Deutschland. Ab 1892 folgt ihre Zeitschrift „Die Waffen nieder!“, eine monatlich erscheinende Zeitschrift zur Förderung des Friedens. 1899 war Bertha an den Vorbereitungen für die erste Haager Friedenskonferenz beteiligt. Am 10. Dezember 1902 starb Arthur von Suttner. Ihr Gutshof musste versteigert werden, und Bertha ging zurück nach Wien, wo sie weiterhin arbeitete und publizierte. Im Juni 1904 nahm Bertha an der Internationalen Frauenkonferenz in Berlin teil. Dann reiste sie in die USA, 1905 erhielt sie den Friedensnobelpreis, den sie am 18. April 1906 entgegennahm. 1907 nahm sie an der zweiten Friedenskonferenz in Den Haag teil, ab 1912 begab sie sich auf Vortragsreise erneut in die USA.

1909 erscheinen ihre Memoiren, 1911 der Roman „Der Menschheit Hochgedanken“. 1913 wird „Die Waffen nieder!“ verfilmt.

Wenige Wochen vor Ausbruch des Ersten Weltkriegs stirbt Bertha von Suttner am 21. Juni 1914 in Wien.

## Anna Sacher

Hotelbesitzerin; geb. am 2.1.1859 in Wien, gest. am 25.2.1930 in Wien

Anna Maria Fuchs war die Tochter des Metzgers Johann Fuchs und seiner Frau Franziska. Sie hatte fünf Geschwister und eine Halbschwester. Anna wuchs in Wien im zweiten Bezirk auf, wo sie zur Schule ging und im väterlichen Betrieb mithalf. Als der Vater mit nur 40 Jahren verstarb, heiratete Annas Mutter Anton Perl von der Apollo Kerzenfabrik. Anna arbeitete nun als Verkäuferin, war hübsch und lebenslustig. Eduard Sacher indes, Sohn des Franz Sacher, des Erfinders der Sachertorte, wurde 1871 mit seinem Wein- und Delikatessengeschäft zum k.und k. Hoflieferanten ernannt. 1876 eröffnet er das exklusive Hôtel de l'Opéra, 1891 umbenannt in Sacher, in der Augustinerstraße im Herzen Wiens, an der Schnittstelle zwischen Ringstraße und Altstadt. Es sollte das aristokratische Wien mit dem neuen großbürgerlichen Ringstraßenwien verbinden. Am 21. Februar 1880 heiratet Anna den sechzehn Jahre älteren Witwer Eduard Sacher im Stephansdom in Wien, der Tochter Rosa mit in die Ehe bringt. Anna übernimmt ab sofort Verantwortung fürs Hotel und für den neuen Sachergarten im Prater. Das Hôtel de l'Opéra bzw. Sacher wird Garant für Spitzengastronomie und Exklusivität. Aus der Ehe gehen die Kinder Anna Maria, Eduard junior und Franziska hervor. Nach dem frühen Tod Eduards im Jahr 1892 übernimmt Anna die alleinige Führung der Betriebe und bezahlt die Erben, die vier Kinder Eduards, aus. Ab dem Jahr 1895 ist sie Alleineigentümerin. Sie wird ebenfalls k.und k. Hoflieferant und führt mit ihrem Unternehmensstil das Hotel Sacher zu einem der führenden Häuser Europas. Um 1910 zählt sie zu den Millionären, den 929 reichsten Bürgern Wiens und war eine erfolgreiche Unternehmerin. Sie kauft das Hinterhaus des Sacher in der Maysedergasse hinzu, um das Hotel zu vergrößern. Noch einmal leiht sie sich Geld von Julius Schuster, um das Hotel mit elektrischem Licht zu versorgen und Renovierungsmaßnahmen vorzunehmen.

Anna Sacher, die erfolgreiche Hotelierin, Zigarrenraucherin und Züchterin kleiner französischer Bulldoggen, hat große Sorgen um ihre Kinder Anna Maria und Eduard junior. Anna Maria wählt 1902 den

Freitod, Eduard junior, dem die Mutter zeitlebens viel Geld zusteckte, akzeptiert schließlich 1926 die Entmündigung und die Bestellung der Mutter als Beistand. Franziskas Ehe scheiterte und so kam sie mit ihren beiden Kindern auch wieder zur Mutter zurück. Zudem hatte der Erste Weltkrieg Anna Sachers Geschäften geschadet, und nun häufen sich die finanziellen Schwierigkeiten. Keines ihrer Kinder konnte ihre Nachfolge antreten. Noch einmal nimmt Anna Sacher im Jahr 1927 einen großen Umbau vor. Am 8. März 1928 erhält sie das Goldene Ehrenzeichen der Republik Österreich. Im April 1929 ist Anna Sacher bankrott und wird aufgrund ihres stark verringerten geschäftlichen Erfolgs ihres Unternehmens unter Kuratel gestellt. Bertold Reif, der Haus- und Familienanwalt wird als Kurator eingesetzt. Die Liste der Gläubiger ist lang, um die 400 Personen und Unternehmen. Anna Sacher stirbt am 25. Februar 1930, im März 1932 wird das Ausgleichsverfahren eröffnet, es endet im Anschlusskonkurs und im Jahr 1934 im Verkauf des Hotels an den Anwalt Hans Gürtler, seine Frau und die Hoteliers Anna und Josef Siller.

# Marie de France

Dichterin; geb. um etwa 1130 bis 1160, vermutlich in der Ile de France, gest. um 1200 bis 1210, vermutlich in England

Wenig Verlässliches ist über Marie de France bekannt. Im Nachwort ihrer Fabeln schreibt sie: „Marie ai num, si sui de France“, „Mein Name ist Marie, ich bin aus Frankreich.“ Ihre Lais sind dem englischen König Heinrich II. gewidmet. So wird vermutet, dass Marie eine kürzere oder längere Zeit am englischen Hof gelebt hatte. Ihre Lais hatten einen immensen Erfolg an allen Höfen Frankreichs und Englands erfahren.

Von Marie geblieben sind ihre 12 Lais, ihre Fabelsammlung, sowie ihre lateinisch-französische Übersetzung des „Traktats über das Purgatorium des Heiligen Patrick“. Es ist deutlich zu erkennen, dass Marie die Werke der Antike bis zu ihrer Zeit gründlich studiert hatte. In ihren Schriften tritt ein außergewöhnliches Talent hervor.

Marie de France war die erste Dichterin, die ihre Werke auf Französisch, beziehungsweise Altfranzösisch, verfasst hat.

Kaum einer konnte über die Liebe so schön dichten wie sie.

# Christine de Pizan

Schriftstellerin; geb. um 1364 in Venedig, gest. um 1429/30 in Poissy

Christine de Pizzano wird im Jahr 1364 als drittes Kind des Wissenschaftlers Tommaso Benvenuto de Pizzano und seiner Frau in Venedig geboren. Als sie vier Jahre alt ist, siedelt die Familie nach Paris über, wo der Vater die Stelle des Arztes und Astrologen König Karls V. annimmt. So verbringt Christine ihre Kindheit und Jugend in einem der glanzvollsten intellektuellen Zentren der damaligen Zeit, sowie im Umkreis Karls V. Ihr Vater, der früh Christines Begabung und Wissenshunger erkannt hatte, gibt seine Wissensschätze an sie weiter und fördert sie. So verdankt sie ihm eine gute Ausbildung in Französisch und Latein, Mathematik, Politik, Literatur und Theologie. Es wird angenommen, dass Tommaso Benvenuto de Pizzano Zugang zur königlichen Bibliothek hatte.

Mit 15, im Jahr 1379 heiratet Christine den königlichen Notar und Sekretär Etienne de Castel. Aus der Ehe gehen drei Kinder, zwei Jungen und ein Mädchen, hervor. Christine und Etienne führen eine glückliche Ehe. Im September 1380 stirbt Karl V. und Frankreich stürzt in eine innen- und außenpolitische Krise. Christines Vater verliert seine Anstellung und folglich seine materiellen Zuwendungen. Er stirbt, nach langer Krankheit, wahrscheinlich im Jahr 1385. Vier Jahre später stirbt auch Christines Mann Etienne, der sich auf einer Reise nach Beauvais vermutlich mit der Pest infiziert hatte. Christines Brüder ziehen sich auf ihre Besitztümer in Italien zurück und Christine bleibt zurück, in materieller Not und im Unklaren über die Vermögensverhältnisse ihres Mannes, mit der Sorge um ihre Mutter und ihre drei Kinder. Es folgen Gerichtsprozesse, Zwangsvollstreckungen und besonders die Erfahrung der Rechtslosigkeit und der Ohnmacht als Witwe. Es wird angenommen, dass Christine zunächst als Kopistin gearbeitet hat, bevor sie im Jahr 1394 zu schreiben beginnt. Ihre Balladen fügt sie 1399 zum Zyklus der Hundert Balladen zusammen und überreicht sie Königin Isabeau de Bavière in der Hoffnung, in ihr eine Gönnerin zu finden. Von 1399 bis 1405 verfasst Christine fünfzehn umfangreiche Bücher, darunter die Streitschrift „Lettres sur le Roman de la Rose“ und die „Cité des Dames“. Auch gewinnt sie die Herzöge von Berry, Orléans und Burgund zu ihren Mäzenen, so dass sie schließlich als Hofdichterin und Schriftstellerin, als erste adelige Frau des Mittelalters ihren Lebensunterhalt und den ihrer Familie selbst verdienen kann. Auch ist es wahrscheinlich, dass sich Christine angesichts des Einflusses und der Verbreitung von frauenfeindlicher Literatur in ihrer Zeit bewusst dazu entschließt, den Rosenroman als den wichtigsten Vertreter dieses Genres zu attackieren und die „querelle du Roman de la Rose“ loszutreten. Seinen Höhepunkt erreicht der Literatenstreit um den Rosenroman von Herbst 1401 bis Sommer 1402. In der „Stadt der Frauen“ beschreibt Christine die Errichtung einer idealen, imaginierten Stadt mithilfe dreier überirdischer Gestalten, der Vernunft (raison), der Gerechtigkeit (droiture) und der Rechtschaffenheit (justice). Im ersten Teil geht es um die Frauen als vorbildliche Herrscherinnen, um ihren Beitrag zu den Wissenschaften und Künsten und um die von Frauen verkörperte lebenspraktische Klugheit. Im zweiten Teil liegt der Schwerpunkt auf Frauen als Prophetinnen und vorbildlichen Verhaltensweisen in Familie, Ehe und Gesellschaft. Im dritten Teil vollendet die Gerchtigkeit die Errichtung der Stadt der Frauen, indem sie ihr die Heiligen und die Jungfrau Maria zuführt. Auch beschäftigt sich Christine mit aktuellen politischen Themen, schreibt das Buch über den Frieden, über die innenpolitische Krise Frankreichs, eine Biographie über Karl V. und im Jahr 1429, vermutlich ihrem Todesjahr, noch ein Gedicht über Jeanne d'Arc. Sie stirbt, zurückgezogen im Kloster Saint-Louis in Poissy, um 1429/30 im Alter von etwa 65 Jahren.

*Remercions le Seigneur, mes très vénérées dames! Car voici notre Cité bâtie et parachevée. Vous toutes qui aimez la vertu, la gloire et la renommée y serez accueillies dans les plus grands honneurs, car elle a été fondée et construite pour toutes les femmes honorables – celles de jadis, celles d'aujourd'hui et celles de demain.*
*(Christine de Pizan, La Cité des Dames, p.275)*

# Jeanne d'Arc

Schutzpatronin Frankreichs, Heilige, Märtyrerin;
geb. im Jahr 1412 in Domrémy, gest. am 30.5.1431 in Rouen

Jeanne d'Arc wurde im Jahr 1412 in Domrémy in Lothringen geboren. Ihr Vater war Jacques Darc, ein wohlhabender Bauer, und ihre Mutter war Isabelle, geborene Romée. Schon als Jugendliche hatte Jeanne Visionen und hörte die Stimmen des Erzengels Michael, der heiligen Marguerite d'Antioche und der Catherine d'Alexandrie. Diese beauftragten sie, die Engländer aus Frankreich zu vertreiben und dem Dauphin zum Thron zu verhelfen. Im Hundertjährigen Krieg hatte England versucht, seine Herrschaft über Frankreich auszudehnen, so dass weite Landstriche Frankreichs von den Engländern besetzt waren. Gegen Ende des Jahres 1428 verließ Jeanne ihr Elternhaus und zog über Vaucouleurs nach Chinon, um beim Dauphin vorzusprechen. Noch einmal wurde sie in Poitiers auf ihre Glaubwürdigkeit geprüft, dann erhielt sie ihren ersten Auftrag, die eingeschlossene Stadt Orléans mit Proviant zu versorgen. Zusammen mit den eingeschlossenen Truppen, befreite sie das belagerte Orléans am 8. Mai 1429. Während der Monate Mai und Juni vertrieben die Franzosen unter Mitwirkung Jeannes die Engländer südlich der Loire. Man nimmt an, dass Jeanne lediglich in vorderster Reihe das Banner trug und selbst nicht kämpfte, aber dennoch trug sie durch ihren Enthusiasmus enorm zur Kampfesmoral der französischen Truppen bei.

Am 17. Juli 1429 wurde der Dauphin in Jeannes Gegenwart zum König Karl VII. in der Kathedrale in Reims gekrönt. Sie stand mit ihrem Banner neben dem Altar, und selbst ihr Vater durfte der Zeremonie beiwohnen.

Im September 1429 erteilte ihr Karl VII. die Erlaubnis, nach Paris vorzustoßen. Im Mai 1430 fiel sie zusammen mit ihrem Bruder Pierre bei Compiègne den Burgundern und Jean de Luxembourg in die Hände, der sie wiederum für 10.000 Livres an die Engländer, an John of Lancaster, verkaufte. Dieser übergab sie der katholischen Gerichtsbarkeit in Rouen unter dem Vorsitz des Bischofs von Beauvais, wo ihr der Prozess gemacht wurde. Man befand sie für schuldig und verurteilte sie unter anderem der Häresie, Dämonenanbetung und des Mordes in einem zweiten Prozess zur Verbrennung auf dem Scheiterhaufen.

Am 30. Mai 1431 wurde sie öffentlich auf dem Scheiterhaufen auf dem Marktplatz von Rouen verbrannt. 1456 wurde das Urteil auf Betreiben der Mutter Jeannes widerrufen und Jeanne vollständig rehabilitiert, 1920 wurde sie heiliggesprochen. Zusammen mit der Gottesmutter Maria, der Notre Dame de l'Assomption ist sie die Schutzpatronin Frankreichs.

# Emilie du Châtelet

Mathematikerin, Physikerin und Philosophin;
geb. am 17.12.1706 in Paris, gest. am 10.9.1749 in Lunéville

Gabrielle Emilie Le Tonnelier de Breteuil, Marquise du Châtelet war die Tochter von Louis Nicolas Le Tonnelier de Breteuil und seiner zweiten Frau Gabrielle Anne de Froulay. Zuhause wird sie von ihrem Vater in Latein unterrichtet, sie lernt ebenfalls Altgriechisch, Deutsch, Englisch und Italienisch und beschäftigt sich mit französischer Philosophie, Literatur und Lyrik. Musisch begabt lernt sie Klavier zu spielen, zu singen, zu tanzen und Theater zu spielen. Mit 16 Jahren wird sie am Hof eingeführt und findet Gefallen an schönen Roben, Schuhen und Schmuckstücken. Mit 18 wird sie im Juni 1725 mit dem 30-jährigen Marquis Florent Claude du Châtelet verheiratet. Sie zog mit ihm nach Semur en Auxois, wo er das Amt des königlichen Gouverneurs bekleidete. Der Marquis sah seine Frau nur selten. Im Jahr 1726 kam Tochter Françoise Gabrielle Pauline auf die Welt, dann 1727 Louis Marie Florent und 1733 Victor Esprit. 1733 lernt Emilie Voltaire kennen und beginnt ein Verhältnis mit ihm.

1734 bietet Emilie Voltaire, der in Ungnade gefallen war, ihr Schloss Cirey in Cirey sur Blaise in der Champagne als Zufluchtsort an. Zu dieser Zeit war Voltaire 39 Jahre alt und Emilie 27. Ihre Liaison sollte 15 Jahre dauern.

Voltaire ermutigt Emilie, sich mit Mathematik und Physik zu beschäftigen und die Philosophie Newtons und Leibniz' zu studieren. So schrieb Emilie die „Analyse de la philosophie de Leibniz“ und begann 1745 mit ihrer Übersetzung „Les Principes de Newton“.

Mit Voltaire verbrachte Emilie die Jahre 1744 bis 1748 am Hof von Versailles. Im Februar 1748 geht sie mit Voltaire nach Lunéville zu Herzog Stanislas Leszcynski, dem ehemaligen König Polens und Schwiegervater Louis XV. Kurz nach ihrer Ankunft verliebt sich Emilie dort in den Offizier und Dichter Jean-François de Saint Lambert. Trotzdem bleibt sie mit Volataire liiert, mit dem sie zwischen Lunéville, Paris und Cirey in den Jahren 1748 und 1749 hin- und herreist. In der Nacht vom 3. auf den 4. September 1749 bringt Emilie Saint Lamberts Tochter Stanislas Adélaide zur Welt. Sie stirbt sechs

Tage später am Kindbettfieber. Stanislas stirbt am 6. Mai 1750 mit gerade einmal 20 Monaten.

*„Wahrhaftig, Emilie ist die göttliche Geliebte voller Schönheit, Geist, Mitgefühl und all den andern weiblichen Tugenden, doch wünschte ich oft, sie wäre weniger gelehrt und ihr Verstand weniger scharf.“ Voltaire*

*„Pour moi si j'étais roi (...), je réformerais un abus qui retranche, pour ainsi dire la moitié du genre humain. Je ferais participer les femmes à tous les droits de l'humanité et surtout à ceux de l'esprit.“ Emilie du Châtelet*

# Marie Tussaud

Wachsbildnerin;
geb. im Dezember 1761 in Strasbourg, gest. am 16.4.1850 in London

Marie Grosholtz war die Tochter von Joseph Grosholtz und seiner Frau Anne-Marie Walder. Als Marie in Dezember 1761 in Strasbourg zur Welt kommt, war ihr Vater bereits tot. So zog die Mutter nach Bern, wo sie eine Anstellung im Haus des Arztes Dr. Philippe Curtius annahm. Curtius betätigte sich auch als Wachsbildner und unterrichtete Marie ebenfalls in der Ceroplastik. 1766 siedelte die Familie nach Paris über, wo Marie 1780 eine Anstellung als Lehrerin bei Elisabeth, der Schwester König Louis XVI. erhielt. Als 1789 die französische Revolution ausbrach, wurden die von Marie modellierten Wachsköpfe auf Stangen aufgespießt, durch die Stadt getragen und verhöhnt. Schlimmer noch musste Marie die Totenmasken Louis XVI., Marie Antoinettes, Dantons, Marats und Robespierres anfertigen. Als Royalistin kam sie selbst nur knapp mit dem Leben davon. 1794 starb Curtius und so erbte Marie seine gesamte Wachsfigurensammlung. 1795 heiratete Marie den Ingenieur François Tussaud. Aus der Ehe gingen eine Tochter, die früh verstarb, und zwei Söhne hervor. Im Jahr 1802 trennt sich Marie von ihrem ewig verschuldeten Mann und siedelt mit ihrem Sohn Joseph nach England über. François, der zweite Sohn, sollte 1822 nachkommen. Marie zieht nun 33 Jahre lang mit ihrer Wachsfigurenschau durch England, Schottland und Irland. Erst im Jahr 1835 kann sie sich ein Haus leisten, und so zieht die Wachsfigurenausstellung in London in die Baker Street. Bis zu ihrem 81. Lebensjahr arbeitet Marie Tussaud unermüdlich, dann, 1842 schuf sie ihre letzte Figur, ihr eigenes Abbild, übergibt das Museum ihren beiden Söhnen und zieht sich in die Privaträume des Museums zurück. Marie Tussaud stirbt mit 88 Jahren am 16. April 1850 in London.

Frankreich und ihren Mann sah sie nie wieder.

## Barbe-Nicole Clicquot-Ponsardin

Grande Dame des Champagners;
geb. am 16.12.1777 in Reims, gest. am 29.7.1866 in Boursault

Barbe-Nicole Clicquot, geborene Ponsardin wurde bereits mit 27 Jahren zur Veuve Clicquot, als ihr Ehemann François Clicquot am 23. Oktober 1805 verstarb. In der Folge übernahm sie die Leitung des Champagnerhauses, das er von seinem Vater geerbt hatte. Sie entpuppte sich als junge, tüchtige Geschäftsfrau, wohl ein Ponsardinisches Erbe. Dennoch machten ihr die Napoleonischen Kriege, insbesondere die Kontinentalsperre, das Leben schwer. Noch bevor die Generalakte des Wiener Kongresses unterzeichnet war, schickte die Veuve bereits 10.000 Flaschen ihres Champagners nach St. Petersburg und die „Klikovskoje" bescherte ihr von Russland aus den langersehnten Erfolg und den Einzug in alle wohlhabenden Häuser Kontinentaleuropas. Die Veuve überprüfte gewissenhaft die Qualität ihres Champagners, und man schreibt ihr auch die Erfindung des Rütteltisches zu, der maßgeblich dazu beitrug, dass der Champagner nun klar wurde, und nicht mehr so trübe war.

Der aus Deutschland stammende Georg Kessler, langjähriger Mitarbeiter der Veuve, der dann später in Esslingen seine eigene Sektkellerei gründete, verführte sie zu verlustbringen Geschäften im Tuchhandel, und ein weiterer deutscher Mitarbeiter, Edouard Werlé, der dann später zunächst Teilhaber, dann Nachfolger werden sollte, bewahrte sie vor dem finanziellen Desaster.

Der Champagner verkaufte sich gut, mit 66 Jahren setzte sie sich zur Ruhe, nachdem sie mehrere Weinberge in den allerbesten Lagen dazugekauft hatte. Sie ließ sich Schloss Boursault bauen und verstarb dort achtundachtzigjährig. Die Veuve hinterließ eine Tochter, Clémentine, und ihren wunderbaren Champagner, der, laut Wilhelm Busch, „so herrlich perlt im Glase".

# Anne Marie Cathérine Bigot de Morogues, geb. Kiéné

Pianistin und Komponistin;
geb. am 3.3.1786 in Colmar, gest. am 16.9.1820 in Paris

Marie wurde am 3. März 1786 in Colmar geboren. Ihre Eltern waren Joseph Kiéné, von Beruf Violonist, und ihre Mutter Marie-Cathérine Pianistin.

Zusammen mit ihrer jüngeren Schwester Caroline zog die Familie 1791 nach Neuchâtel in die Schweiz, wo Maries Vater nach diversen musikalischen Tätigkeiten eine Anstellung im Orchester von Neuchâtel erhielt und später Vizepräsident der Société de Musique wurde. Schon früh bekam Marie Klavierunterricht von ihrer Mutter. Mit 16 trat sie bereits erstmals öffentlich auf.

Am 9. Juli 1804 heiratet die 18-jährige Marie Kiéné den 36-jährigen Paul Bigot de Morogues in Neuchâtel. Paul entstammt einem bretonischen Adelsgeschlecht, das vor der Hugenottenverfolgung nach Berlin geflohen war. Noch im gleichen Jahr ziehen Marie und Paul nach Wien um, wo Paul eine Stelle als Bibliothekar bei Graf Andrei Rasumowski angenommen hat.

Graf Rasumowski war der russische Gesandte in Wien und gleichzeitig ein großer Musikliebhaber und Förderer. Die Bigots wohnten in seinem Palais. Der Graf war selbst ein ausgezeichneter Geiger. In seinem Palais lernte Marie unter anderem Joseph Haydn, Antonio Salieri und Ludwig van Beethoven kennen. Bei einem Vorspiel im Jahr 1805 war der betagte Haydn so glücklich, dass er meinte, dass das nicht seine Musik sei, sondern dass Marie sie komponiert hätte. Auch Beethoven, wie auch andere Zuhörer wie Johann Friedrich Reichhardt, waren angetan von Maries Spiel. Sie wurde gepriesen als meisterhafte Virtuosin, die selbst die schwersten Stücke mit einer Geschicklichkeit und Leichtigkeit spielte. Und Marie war angetan von Ludwig van Beethoven, der von nun an als Freund der Familie Bigot in deren Zuhause verkehrte, Marie seine neuesten Kompositionen zeigte und sie von ihr vorspielen ließ. Und Marie spielte gerne und viele Beethovenstücke bei ihren Konzerten. Man sagte, Beethoven sei ihr Heiliger. Und was war Marie für Beethoven?

1809 zogen die Bigots nach Paris, mit ihren beiden Kindern Hervé und Gustavie, die in Wien auf die Welt gekommen waren. Paris ermöglichte Marie, Musiker wie Luigi Cherubini, Muzio Clementi, Johann Baptist Cramer, Louis Adam, Johann Ludwig Dussek, Daniel Auber und weitere kennenzulernen. Zusammen mit dem Violonisten Pierre Baillot und dem Cellisten Jacques Michel Hurel de Lamare machte Marie Kammermusik. Sie spielte auch nach wie vor gerne Beethoven, die Wiener Klassik und J.S. Bach. Paul Bigots Abwesenheit für den Russlandfeldzug Napoléons und seine sich daran anschließende Kriegsgefangenschaft veranlassten Marie, zu unterrichten, um ihrer Familie den Lebensunterhalt zu sichern.

Marie verdiente sich eine ausgezeichnete Reputation als Klavierlehrerin, doch die Jahre 1812-1816 waren sehr hart für sie. Glücklicherweise kam Paul aus der Gefangenschaft zurück, doch Maries Gesundheit wurde zunehmend schlechter. Dennoch musizierte und unterrichtete sie weiterhin, auch berühmte Schüler wie den 7-jährigen Felix Mendelssohn-Bartholdy und seine ältere Schwester Fanny.

Ihren Zeitgenossen nach zu urteilen, war Marie nicht nur eine begnadete Pianistin, sondern ein ganz feiner, freundlicher, bescheidener und unpretentiöser Mensch. Ihr Tod mit nur 34 Jahren an einem Lungenleiden, möglicherweise Tuberkulose, setzte vorallem der Verbreitung der Werke Beethovens, Haydns, Mozarts und Bachs in Frankreich und auch den eigenen Kompositionen ein jähes Ende.

Nein, Marie Bigot de Morogues lässt sich nicht auf ein Liebchen Beethovens reduzieren, denn Beethoven hatte nach der Verwarnung durch Paul Bigot de Morogues wohl erkannt:

*C'est un de mes premiers principes de n'entretenir jamais d'autres rapports que ceux de l'amitié avec la femme d'un autre.*

# George Sand

## (Amandine Aurore Lucile Dupin de Francueil, Baronin Dudevant)

Schriftstellerin; geb. am 1.7.1804 in Paris, gest. am 8.6.1876 in Nohant

George Sand wurde am 1. Juli 1804 in Paris geboren. Ihre Mutter Antoinette Sophie Victoire war Modistin, ihr Vater Maurice Dupin de Francueil Offizier und Enkel Moritz von Sachsens. Sie hatte einen jüngeren Bruder Auguste, der im Säuglingsalter im September 1808 verstarb, eine Woche später verunglückte ihr Vater tödlich bei einem Reitunfall. Ihre Mutter ging zurück nach Paris, George Sand blieb bei ihrer Großmutter väterlicherseits in Nohant-Vic, wo sie zusammen das aus dem 17. Jahrhundert stammende Schloss bewohnten. Zunächst wurde George Sand von Hauslehrern unterrichtet, dann schickte sie die Großmutter 1818 auf eine Klosterschule nach Paris. Als George Sand mitteilte, sie möchte Nonne werden, holte die Großmutter ihre Enkelin schnell wieder zurück nach Nohant. In Nohant genoss George alle Freiheiten. Sie war eine begeisterte Reiterin und trug dazu Hosen. 1821 erkrankte die Großmutter, George pflegte sie, im Dezember starb sie und hinterließ ihr das Schloss in Nohant und ein Stadthaus in Paris. Sie ist jetzt, mit 17, reich und unabhängig und trotzdem schwermütig. Am 17. September 1822 heiratete sie den mittellosen Leutnant Baron Casimir Dudevant gegen den Willen ihrer Mutter, mit dem sie Sohn Maurice und die Tochter Solange hatte. 1831 trennte sie sich von ihm, 1836 wurde sie von ihm geschieden. Es folgten zahlreiche Bekannt- und Liebschaften mit einem Staatsanwalt, einem Jugendfreund, einem Jurastudenten namens Jules Sandeau, von dessen Namen sich ihr Pseudonym ableitete, mit Prosper Mérimé, mit der Schauspielerin Marie Dorval, mit Alfred de Musset, einem venezianischen Arzt, ihrem Scheidungsanwalt, dem Erzieher ihres Sohnes, mit Frédéric Chopin und mit dem Kupferstecher Alexandre-Damien Manceau. Ebenso war sie in Kontakt mit ihren Schriftstellerkollegen Alexandre Dumas d.Ä., Gustave Flaubert, Honoré de Balzac, Emile Zola und Victor Hugo, die sie als Hosen tragende, zigarrenrauchende Kollegin längst akzeptiert hatten. Denn in ihrer Produktivität übertraf George Sand alle: sie schrieb äußerst viele Bücher, Romane, Theaterstücke, politische Texte und Briefe. Und sie übertraf sie auch durch ihre Arbeitsdisziplin, ihren Fleiß, ihre Schnelligkeit und ihre stete, unverholene Gesellschaftskritik, die als sozialistisch, anti-monarchisch und als frühfeministisch bezeichnet werden könnte.

Am 8. Juni 1876 starb sie in Nohant.

*Ihrer Autobiographie „Histoire de Ma Vie“ schickte sie voraus: Charité envers les autres, dignité envers soi-même, sincérité devant Dieu.*

# Marie Curie

Zweifache Nobelpreisträgerin, Physikerin und Chemikerin; geb. am 7.11.1867 in Warschau, gest. am 4.7.1934 in Sancellemoz bei Passy

Marya Salomea Sklodowska war die Tochter von Wladislaw Sklodowski, eines Mathematik- und Physiklehrers aus Warschau und seiner Frau Bronislawa, der Leiterin einer Mädchenschule. Sie war die jüngste von fünf Kindern und verlor ihre Mutter bereits im Alter von 11 Jahren. Schon während ihrer Schulzeit hatte Marie in Warschau an Lehrveranstaltungen der Fliegenden Universität teilgenommen, einer illegalen Bildungseinrichtung für Frauen. 1883 machte sie Abitur und arbeitete dann als Gouvernante.

Als sie das Geld für die Studiengebühren zusammengespart hatte und ihre ältere Schwester Bronislawa ihr Kost und Logis in Paris bieten konnte, ging sie 24-jährig im Jahr 1891 zum Physik- und Mathematikstudium nach Paris. Dort begegnete sie dem Physiker Pierre Curie, den sie 1895 heiratete. Als Doktorandin von Henri Becquerel, untersuchte sie die von ihm entdeckte Radioaktivität. Dabei entdeckte sie gemeinsam mit ihrem Mann, mit dem sie seit 1896 zusammenarbeitete, das radioaktive Element Polonium, das sie nach ihrer Heimat benannte, und wenige Monate später das ebenfalls radioaktive Radium. Aufgrund dieser Leistungen erhielt sie 1903 den Grad eines Doktors der Naturwissenschaften und gemeinsam mit ihrem Mann Pierre und Henri Becquerel den Nobelpreis für Physik.

Die Geburt zweier Töchter, Irène am 12. September 1897 und Eve am 6. Dezember 1904, beeinträchtigte ihre Forschungen nicht, weil sich zunächst Pierres Vater, der Arzt Eugène Curie, anbot, sich um seine Enkeltöchter zu kümmern, damit Marie weiter ihre Forschung betreiben konnte.

Am 3. Juli 1905 wird Pierre Curie in die französische Akademie der Wissenschaften aufgenommen. Neun Monate später verunglückt er tödlich.

Nach dem Unfalltod Pierres am 19. April 1906, zieht Marie mit ihrem Schwiegervater und den Töchtern nach Sceaux. Sie setzt als außerordentliche Professorin Pauls Vorlesungen fort. 1908 folgte sie ihm als ordentliche Professorin auf den Lehrstuhl für Physik. Die Entdeckung des Radiums und die Untersuchung seiner Eigenschaften brachten ihr 1911 auch den Nobelpreis für Chemie ein. In diesem Jahr pflegt sie eine Beziehung zu dem Physiker Paul Langevin. Ab 1914 stand sie dem neugegründeten Radium-Institut in Paris vor. Nach Kriegsausbruch leitet sie den Röntgendienst des Roten Kreuzes. Sie starb mit 66 Jahren an den Folgen der radioaktiven Strahlenbelastung.

1935 erhält Tochter Irène zusammen mit ihrem Mann Frédéric Joliot den Nobelpreis für Chemie für die Entdeckung der künstlichen Radioaktivität.

# Coco Chanel

Modeschöpferin und Wegbereiterin der funktionellen Damenmode;
geb. am 19.8.1883 in Saumur, gest. am 10.1.1971 in Paris

Gabrielle „Coco“ Chanel war die Tochtel des Straßenhändlers Albert Chasnel und der Jeanne Devolle. Als Coco 12 Jahre alt war, verstarb ihre Mutter. Coco kam ins Waisenhaus des Klosters von Aubazine, wo sie auch nähen lernte. Im Jahr 1902 findet sie eine Lehrstelle zur Verkäuferin in einem Geschäft für Aussteuer- und Babyartikel in Moulins. 1904 lernt sie den Fabrikantensohn Etienne Balsan kennen, mit dem sie zusammenlebt, und der ihr im Jahr 1909 hilft, ein Hutatelier in Paris einzurichten. 1910 eröffnet sie mithilfe ihres Geliebten Arthur Capel ihr erstes Modehaus in Paris. 1913 folgt eine Boutique in Deauville, 1915 eine in Biarritz. Cocos neue funktionale Mode war so erfolgreich, dass sie finanziell von niemandem abhängig sein musste. 1919 eröffnete sie einen weiteren Modesalon in Paris. Ihr 1921 entwickeltes Parfum Chanel No.5 wird ein weiterer Erfolg. Außerdem begann Coco, Modeschmuck zu entwerfen. 1926 entwarf sie das „kleine Schwarze“. So erfolgreich Coco im Beruf war, so wenig wurde ihr in ihrem Privatleben dauerhaftes Glück beschieden. Ihre Beziehung mit Dimitri Pawlowitsch zerbrach, ebenso wie die Beziehung mit dem Herzog von Westminster, Hugh Grosvenor. Mit der Weltwirtschaftskrise gerät Coco in wirtschaftliche Schwierigkeiten. Während des 2. Weltkriegs pflegte Coco eine Beziehung zu Hans Günther von Dincklage, mit der Konsequenz, dass sie nach Kriegsende ins Schweizer Exil gehen musste.

Als Coco 1954 versucht, ihr Comeback zu feiern, überzieht sie die Presse mit Hohn und Spott. Doch bereits ein Jahr später bringt Coco ihr legendäres

Chanel-Kostüm heraus, die „Spitze der Eleganz“. Coco arbeitet bis ins hohe Alter. Am 10. Januar 1971 verstirbt sie in ihrer Suite im Hotel Ritz in Paris. Da war sie mitten in Vorbereitungen für die neue Kollektion.

*Die Vogue bezeichnete Coco Chanel als Inbegriff der Eleganz.*

# Jeanne Toussaint

Schmuckdesignerin;
geb. am 13.1.1887 in Charleroi, gest. am 7.5.1976 in Paris

Jeanne war die Tochter einer Spitzenklöpplerin, der Vater betätigte sich als Verkäufer der Spitze. Gemeinsam mit ihrer älteren Schwester Charlotte besuchte sie die Schule in Brüssel. Mit 13 entfloh sie ihrer Familie, da der neue Mann ihrer Mutter die Mädchen missbrauchte. Sie ging eine Verbindung mit dem Comte de Quinsonas ein, der sie nach Paris brachte. Im Jahr 1903, – sie verzierte Handtaschen und verkaufte sie –, lernte sie Louis Cartier kennen. Dieser stellte sie bei Cartier für die Abteilung Handtaschen und Accessoires ein. 1933 folgte sie ihm in die künstlerische Leitung des Unternehmens und Cartier übertrug ihr die Verantwortung für die *Haute Joaillerie*. Sie entwarf den Diamant-Panther, der mit dem Saphirball spielt, La Panthère. Während der deutschen Besatzung von Paris im Jahr 1941, setzte sie eine Nachtigall aus Lapislazuli, Koralle und Saphir in einem goldenen Käfig ins Schaufenster, und man sagt, sie wurde von der Gestapo verhaftet und nur durch die Intervention ihrer Freundin Coco Chanel wieder befreit.

Bis 1970 arbeitete sie unermüdlich für Cartier, heiratete nach vielen Jahren endlich Baron Pierre Hély d'Oissel im Jahr 1954.

Sie stirbt am 7. Mai 1976 in Paris.

*Cartier verdankt Jeanne das Schmuckstück La Panthère, das zum Emblem des Hauses Cartier wurde.*

## Simone de Beauvoir

Schriftstellerin; geb. am 9.1.1908 in Paris, gest. am 14.4.1986 in Paris

Simone Lucie Ernestine Marie Bertrand de Beauvoir war die ältere zweier Töchter des Ehepaars Françoise und Georges Bertrand de Beauvoir. Sie wurde am 9. Januar 1908 in Paris geboren. Der Vater war Rechtsanwalt und verfügte über ein auskömmliches Erbe, die Mutter war die Tochter des Bankiers Gustave Brasseur und brachte eine erhebliche Mitgift mit in die Ehe. Kurz nach Simones Geburt bricht die Bank ihres Großvaters zusammen und so wohnt die Familie nun in einer kleinen Wohnung in einem Mietshaus im 5. Stock, mit der Toilette im Treppenhaus und fließendem Wasser nur in der Küche. Der Vater, der den sozialen Abstieg kaum verkraftet, besucht nun Pferderennen und bleibt nachts weg. Als Simone 12 Jahre alt war, sagte ihr Vater zu ihr, wie hässlich sie doch sei! Dies spornte Simone an, von nun an ihren Verstand zu spitzen. Sie besucht das katholische Mädcheninstitut Cours Désir, legt das Abitur ab und studiert dann französische Philologie und Mathematik, bevor sie sich im Jahr 1926 an der Sorbonne für das Studium der Philosophie einschrieb. 1928 legte sie mit dem besten Ergebnis ihre Licence ab, schrieb dann ihre Abschlussarbeit über Leibniz und bereitete sich fürs Lehramt, die Agrégation, in Philosophie vor. Hierbei lernte sie Jean-Paul Sartre kennen. Zunächst begnügte Simone sich mit dem Erteilen von Nachhilfestunden und Lehraufträgen an Pariser Schulen. Sie zog zuhause aus und wohnte nun bei ihrer Großmutter, was ihr große Unabhängigkeit bescherte. Gleichsam traf sie sich nun regelmäßig mit Sartre. 1931 arbeitete sie an einem Gymnasium in Marseille, 1932 in Rouen und ab 1936 in Paris. Im Jahr 1943 während des zweiten Weltkrieges wurde sie aus dem Schuldienst entlassen. In diesem Jahr lernte sie auch im Café de Flore Albert Camus kennen, der für die Untergrundzeitung „Combat“ arbeitete. 1943 erschien Simones Roman „L'Invitée“ und 1945 „Le Sang des autres“. Sartre, Camus und de Beauvoir werden die Vertreter des Existentialismus.

1947 geht Simone auf Vortragsreise in die USA und lernt dort den Schriftsteller Nelson Algren kennen. Zwischen den beiden entwickelt sich eine Liebesbeziehung. Zurück in Paris arbeitet Simone an ihrem Buch „Das andere Geschlecht". Es wurde ein Meilenstein der feministischen Literatur und zugleich ein Welterfolg. Es folgten mehrere Reisen mit Sartre. Im Jahr 1952 lernt Simone den Dokumentarfilmregisseur Claude Lanzmann kennen. Er sollte der einzige sein, mit dem Simone je eine Wohnung teilte. Sartre und de Beauvoir protestierten gegen den Algerienkrieg, reisten nach Kuba zu Gesprächen mit Che Guevara und Fidel Castro und verlegten ihren Wohnsitz für 4 Monate im Jahr nach Rom. 1954 bekommt Simone den Prix Concourt für ihre „Mandarins von Paris". Im Jahr 1960 veröffentlicht Simone de Beauvoir ihre Memoiren. Am 15. April 1980 stirbt Jean-Paul Sartre. Simone de Beauvoir stirbt am 14. April 1986 und wird neben Sartre auf dem Friedhof Montparnasse beigesetzt.

*On ne naît pas femme, on le devient.*
*Simone de Beauvoir*

# Edith Piaf

Sängerin;
geb. am 19.12.1915 in Paris, gest. am 10.10.1963 in Plascassier (Grasse)

*Non, rien de rien, non, je ne regrette rien. Ni le bien qu'on m'a fait, ni le mal, tout ça m'est bien égal.*
*Non, rien de rien, non, je ne regrette rien. C'est payé, balayé, oublié, je me fous du passé.*

Edith Giovanna Gassion wurde am 19. Dezember 1915 in Paris geboren. Bereits einige Wochen nach ihrer Geburt wurde sie von ihrer Mutter Anita Maillard, einer Kaffeehaussängerin, verlassen. So wuchs sie bei ihrer Großmutter auf. Mit 7 Jahren begleitete sie ihren Vater Louis Gassion zu seinen Auftritten im Wanderzirkus, mit 10 Jahren begann sie, auf der Straße zu singen. Mit 15 verließ Edith ihren Vater und ging alleine als Straßensängerin nach Paris. Dort wurde sie vom Kabarettbesitzer Louis Leplée entdeckt und unter dem Künstlernamen Piaf für sein Kabarett engagiert. Am 11. Februar 1933 kam Tochter Marcelle auf die Welt. Sie starb mit 2 Jahren an einer Hirnhautentzündung.

1935 nahm Edith ihre erste Platte auf. Mit Raymond Asso gelang ihr in den Folgejahren der große Durchbruch. Während der deutschen Besatzung von Paris, sang sie für die Kriegsgefangenen und schmuggelte gefälschte Arbeitserlaubnisscheine in Gefangenenlager. In dieser Zeit war sie mit Yves Montand liiert. Im Oktober 1949 kam ihre große Liebe, der Boxer Marcel Cerdan, bei einem Flugzeugunglück ums Leben. 1952 heiratete Edith den Sänger Jacques Pills, von dem sie sich 1956 wieder scheiden ließ. Danach hatte sie eine Liebesaffäre mit Georges Moustaki. Im Oktober 1962 heiratete sie den zwanzig Jahre jüngeren Sänger Théo Sarapo. Anfang 1963 bringen Ediths Impressario Louis Barrier und Théo Edith nach Plascassier. Dort stirbt sie am 10. Oktober. Ihr Leichnam wird heimlich in der Nacht nach Paris überführt. Auf dem Totenschein steht als Sterbeort Paris, Sterbedatum 11. Oktober 1963, 8 Uhr morgens.

Edith Piaf war die Königin des Chansons. Sie nahm über 200 Lieder auf Schallplatte auf, wirkte in Filmen mit und gab zahllose Konzerte.

Sie förderte die Karrieren jüngerer Künstler wie Yves Montand, Georges Moustaki, Charles Aznavour, Gilbert Bécaud und Eddie Constantine.

*1960 kam „Non, je ne regrette rien“ raus, mit dem Text von Michel Vaucaire und der Musik von Charles Dumont, wohl Edith Piafs Lebensmotto.*

# Brigitte Bardot

Filmschauspielerin; geb. am 28.9.1934 in Paris

Brigitte Anne-Marie Bardot kam übers Tanzen und Modeln zum Film. 1952 heiratete sie Roger Vadim, der ihr 1956 mit seinem Film *Und immer lockt das Weib* den Durchbruch verschaffte. Nun folgten zahlreiche große Filmrollen. 1959 heiratete Brigitte Bardot den Schauspieler Jacques Charrier, mit dem sie Sohn Nicolas-Jacques bekam. Von 1966 an war Brigitte Bardot drei Jahre lang mit Gunter Sachs verheiratet. 1973 beendete sie ihre Filmkarriere mit nicht einmal 40 Jahren. Nun folgte ihr Engagement im Tierschutz, zunächst die Kampagne gegen die Robbenjagd in Kanada, dann für die Umweltschutzorganisation Sea Shepherd. In ihrem Haus in St. Tropez nahm sie zahlreiche herrenlose Tiere auf. St. Tropez, das in den 1960er Jahren noch ein kleines Fischerdörfchen in Südfrankreich war, verdankt seine Popularität hauptsächlich Brigitte Bardot. In den 1990er Jahren wurde Brigitte Bardot mit dem Front National in Verbindung gebracht. Ihr vierter Ehemann Bernard d'Ormale war ein politischer Weggefährte von Jean-Marie Le Pen. Auch ihre schriftstellerische Tätigkeit erzeugte Unmut bei den Franzosen: in ihrem Buch „Ein Ruf aus der Stille" warnt sie vor der Islamisierung Frankreichs.

*Und eigentlich war die vollbusige, blonde Bardot eine Brünette.*

# Caroline von Hannover

Prinzessin von Hannover, Herzogin zu Braunschweig und Lüneburg, Prinzessin von Monaco; geb. am 23.1.1957 in Monaco

Caroline Louise Marguerite Grimaldi ist das älteste Kind von Fürst Rainier III. und seiner Frau Fürstin Gracia Patricia. Mit der Geburt ihres Bruders Albert verlor sie den ersten Rang in der Thronfolge Monacos. 1974 machte sie ihr Abitur und studierte dann an der Sorbonne Philosophie. Das Studium schloss sie mit der Licence ab. Es folgten noch weitere Studien am Institut d'études politiques in Paris.

Prinzessin Caroline war dreimal verheiratet, von 1978 bis 1980 mit Philippe Junot, die Ehe wurde 1992 von der römisch-katholischen Kirche annulliert, und mit Stefano Casiraghi ab 1983, bis er bei einem tragischen Bootsunfall am 3. Oktober 1990 ums Leben kam.

Seit dem 23. Januar 1999 ist sie mit Ernst August von Hannover verheiratet. Sie hat vier Kinder, drei, Andrea, Charlotte und Pierre, aus der Ehe mit Stefano Casiraghi, und eine Tochter, Alexandra, aus der Ehe mit Ernst August von Hannover. Durch die Hochzeit mit Ernst August wurde Caroline zur *Son Altesse royale.* Sie ist Präsidentin, Mitbegründerin, Organisatorin und Schirmherrin zahlreicher Organisationen. 1993 wurde Prinzessin Caroline Präsidentin der *Association mondiale des amis de l'enfance (AMADE).* Es folgten weitere Engagements für die UNESCO und für UNICEF.

Seit März 2011 ist sie die *doyenne* der Familie Grimaldi.

# Brigid von Kildare

Heilige, Äbtissin;
geb. um 451 in Faughart bei Dundalk, gest. am 1.2.525 in Kildare

Brigid war die Tochter des heidnischen Stammesfürsten Dubhthach und seiner chistlichen, vom heiligen Patrick getauften Frau, Brocca. Als Brigid ungefähr zwischen 14 und 17 Jahre alt ist, errichtet sie eine Mönchszelle bei einer großen Eiche unweit ihres Elternhauses. Dieser Ort Kildare bedeutet Kirche der Eiche. Hier entstand das Doppelkloster Kildare, zunächst nur für Nonnen, dann auch für Mönche. Brigid wird Äbtissin. Sie darf den Abt des Männerklosters benennen. Es folgen weitere Klostergründungen.

Wundersame Heilungen und Armenspeisungen werden von Brigid berichtet. Sie heilte auch Tiere. Sie war freigiebig und hilfsbereit zu Armen und Kranken.

Kildare entwickelte sich zum Bischofssitz und religiösen Zentrum Irlands. Hier entstand auch das Book of Kildare. Am 1. Februar 525 stirbt Brigid in Kildare. Es ist überliefert, dass Brigids Reliquien im Jahr 878 nach Downpatrick vor den Normannen in Sicherheit gebracht wurden und mit Patrick und Columba zusammen beigesetzt wurden.

Nach ihrem Tod wurde ihr zu Ehren das St. Brigidenfeuer bis zum Jahr 1220 unterhalten, das Nonnenkloster bestand bis zu seiner Aufhebung unter König Henry VIII. bis 1540.

Brigid ist zusammen mit Patrick und Columba Patronin Irlands und wird in weiten Teilen Europas verehrt. Ihr Gedenktag ist der erste Februar.

*In the 19th century, as many Irish women emigrated to England seeking jobs as housemaids, the name „Brigid" became virtually synonymous with the word „woman".*

# Königin Elisabeth I.

Königin von England; geb. am 7.9.1533 Greenwich, London, gest. am 24.3.1603 Richmond, London

Elisabeth I. war die Tochter Heinrich VIII. und seiner zweiten Frau Anne Boleyn. Als Anne Boleyn hingerichtet wurde, war Elisabeth erst zwei Jahre alt. Ihr Vater starb 1547 und Elisabeth durfte am Hof Heinrichs sechster Frau, Catherine Parr, leben. Heinrichs Thronfolger, Eduard VI., starb 1553 fünfzehnjährig. Ihm folgte nach Jane Grey nach einigen Tagen Elisabeths Halbschwester aus Heinrichs erster Ehe mit Katharina von Aragon, Mary auf den Thron, die Elisabeth in den Tower bringen ließ. Als sie 1558 starb, wurde Elisabeth ihre Nachfolgerin und wurde am 15. Januar 1559 in der Westminster Abbey zur Königin von England und Irland gekrönt.

Elisabeth trat ein schweres Erbe an, denn England lag wirtschaftlich darnieder, Marys protegierten Katholizismus galt es zurückzudrängen, sowie einen Krieg mit Frankreich zu führen. Dies glückte Elisabeth, sie unterstellte die Church of England der Krone, beendete den Krieg mit Frankreich und baute die englische Kriegsmarine zur Seemacht aus. Sie stärkte die einheimische Wirtschaft durch entsprechende Gesetze, der Handel florierte.

Ihre schottische Widersacherin, Maria Stuart, die ebenfalls ein legitimes Anrecht auf den englischen Thron hatte, ließ sie fast zwei Jahrzehnte in den Tower einsperren und konnte 1587 ihre Enthauptung nicht verhindern. Maria Stuart wurde der Verschwörung angeklagt, Ober- und Unterhaus beschlossen ihr Todesurteil.

Elisabeths größter außenpolitischer Gegner war das katholische Spanien. Zwar hatte König Philipp II. eine Heirat mit ihr angestrebt, doch unterstützte Elisabeth die Niederlande in ihrem Unabhängigkeitskampf und tolerierte die Raubzüge englischer Freibeuter auf spanische Schiffe.

1588 schickte Philipp II. seine Armada gen England, wurde aber vernichtend geschlagen. Der Seekrieg zwischen England und Spanien sollte sich noch über viele Jahre hinziehen.

Elisabeths Regentschaft wurde begleitet von einem Aufschwung des englischen Bürgertums, einer Blüte des geistigen Lebens, der Literatur, der bildenden Kunst und der Musik. Als sie 69-jährig am 24. März 1603 starb, blickte England zurück auf eine 44-jährige erfolgreiche Regentschaft, auf die Epoche des Elisabethanischen Zeitalters, des Golden Age.

*Elisabeth I. wurde auch die Virgin Queen genannt. Dieses Attribut steht lediglich für den Umstand, dass sie nie heiratete.*

# Jane Austen

Schriftstellerin;
geb. am 16.12.1775 in Steventon, gest. am 18.7.1817 in Winchester

Wer kennt sie nicht, Jane Austens Romane *Sense and Sensibility, Pride and Prejudice, Mansfield Park, Emma, Northanger Abbey* und *Persuasion*? Jane Austen erfreut sich großer Popularität. Damals veröffentlichte sie ihre Romane anonym, „by a Lady". Im Viktorianischen Zeitalter kamen sie aus der Mode.

Jane Austen wurde in einen Pfarrershaushalt geboren, ihr Vater war Pfarrer von Steventon in Hampshire. Sie war das siebte von insgesamt acht Kindern von William und Cassandra Austen. Im Haushalt der Austens herrschte eine offene, amüsierte und leicht intellektuelle Atmosphäre. Jane hatte freien Zugang zur Bibliothek ihrer Eltern. Mit acht Jahren wurde sie zusammen mit ihrer Schwester Cassandra nach Oxford zur Ausbildung geschickt, die Lehrerin nahm sie mit nach Southampton, schickte sie aber im Herbst des gleichen Jahres nach Hause zurück, da sich beide Schwestern mit Typhus angesteckt hatten. So wurden beide Mädchen eine Zeitlang zuhause unterrichtet, bis sie dann von 1785 bis 1786 auf das Internat Abbey School nach Reading geschickt wurden. Dann konnte der Vater die Schulgebühren nicht mehr bezahlen.

Schon früh begann Jane mit dem Schreiben, mit elf Jahren ungefähr begann sie, Gedichte und Geschichten zu schreiben, mit zwölf Theaterstücke. Mit vierzehn beschloss sie, eine professionelle Schriftstellerin zu werden.

Jane liebte es zu tanzen, auszugehen, sich mit Freunden und Familie zu treffen, an den Abenden las sie ihrer Familie Romane vor. Mit zwanzig lernte sie den gutaussehenden, freundlichen Tom Lefroy kennen, aber aus dem Flirt wurde nichts, da ihn seine Familie fortschickte. Man befand, er und Jane wären zu arm. Lefroy wurde später Lord Chief Justice of Ireland. Mit siebenundzwanzig bekam Jane einen Heiratsantrag von Harris Bigg-Wither, einem großen, jungen Mann, der stotterte, wenig und wenn dann aggressiv sprach, offensichtlich taktlos war, und der gerade die Universität Oxford absolviert hatte. Er war der jüngere Bruder alter Freundinnen von Jane und

Cassandra. Jane akzeptierte, es wäre eine gute Partie gewesen, war er doch der Erbe des Familienvermögens und –besitzes. Und Jane kannte ihn seit ihrer Kindheit. Doch sie überlegte es sich anders und widerrief. *Marrying without affection* war für Jane nicht möglich.

Im Dezember 1800 zog die Austen-Familie nach Bath, nachdem der Vater seine Pfarrstelle aufgegeben hatte. Am 21. Januar 1805 starb er, und die Mutter und beide Schwestern fanden sich plötzlich in einer sehr prekären finanziellen Situation wieder. Doch die Brüder versprachen Unterstützung und Hilfe. 1809 stellte Bruder Edward seiner Mutter und den Schwestern ein Cottage auf seinem Anwesen in Chawton zur Verfügung. Dort lebten sie ein sehr ruhiges Leben. In dieser Zeit veröffentliche Jane mit der Hilfe ihres Bruders Henry ihre vier ersten Romane, die allesamt gut aufgenommen wurden. *Pride and Prejudice* wurde ein Erfolg, die Rezensionen waren positiv, die Bücher bald ausverkauft. Die Romane kamen unter der jungen Aristokratie in Mode, selbst der Prinzregent war ein *Fan.*

1816 wurde Jane krank, ab März 1817 konnte sie nicht mehr schreiben, ab April 1817 wurde sie bettlägerig, und so suchten Cassandra und Henry im Mai 1817 medizinische Hilfe in Winchester. Doch Jane starb am 18. Juli 1817 in Winchester und wurde dort in der Kathedrale beigesetzt.

Posthum erschienen die beiden Romane *Persuasion* und *Northanger Abbey.*

*Lady Susan,* ein Briefroman, vermutlich aus dem Jahr 1794, erschien ebenfalls posthum im Jahr 1871.

*There is nothing like staying at home for real comfort.*
*Jane Austen*

# Emily Brontë

Schriftstellerin;
geb. am 30.7.1818 in Thornton, gest. am 19.12.1848 in Haworth

Einen Klassiker konnte Emily Brontë in ihrem kurzen Leben schreiben: *Wuthering Heights* (Sturmhöhe). Er wurde 1847, ein Jahr vor ihrem Tod, unter dem Pseudonym Ellis Bell veröffentlicht.

Die Brontëgeschwister waren Pfarrerskinder, ihr Vater Patrick hatte ab 1820 die Pfarrstelle in Haworth, Yorkshire, inne. 1821 starb Mutter Maria, Emily war da gerade einmal drei Jahre alt. Vier Jahre später starben die beiden älteren Schwestern Maria und Elizabeth.

Schon in ihrer Kindheit schrieben die drei überlebenden Mädchen Charlotte, Emily und Anne und ihr Bruder Branwell Geschichten, die in imaginären Ländern spielten.

Emily wurde mit ihren Geschwistern zuhause vom Vater und ihrer Tante Branwell unterrichtet. Mit 6 Jahren, ab November 1824, ging sie für ein halbes Jahr zur Schule Cowan Bridge, und dann noch einmal im Alter von 17 Jahren im Jahr 1835 für drei Monate nach Roe Head, wo ihre Schwester Charlotte Lehrerin war. Den Platz, den sie an der Schule Roe Head aufgab, übernahm ihre Schwester Anne. Mit 20 Jahren wurde sie selbst kurz zur Lehrerin, musste aber die Arbeit aufgrund der Belastung aufgeben. Mit 24 Jahren, im Jahr 1842, ging sie mit ihrer Schwester Charlotte nach Brüssel auf eine Privatschule, um dort ihr Französisch und Deutsch zu perfektionieren. Der Plan der Schwestern war es, zuhause in Haworth eine eigene Schule zu gründen. Dazu kam es aber nicht.

Im Jahr 1846 veröffentlichten die Schwestern ihre Gedichte *Poems by Currer, Ellis and Acton Bell*. Besonders Ellis, also Emilys Gedichte wurden sehr gut aufgenommen.

Am 24. September 1848 starb Branwell. Emily erkältete sich bei seiner Beerdigung. Ihre Lungen entzündeten sich, vermutlich hatte sie Tuberkulose. Einen Arzt oder Medizin lehnte sie ab. Sie starb am 19. Dezember 1848.

Alle drei Schwestern waren sehr begabte Schriftstellerinnen.

Tragischerweise überlebte Vater Patrick Brontë alle seine Kinder.

## Königin Victoria

Königin von Großbritannien und Irland, Kaiserin von Indien; geb. am 24.5.1819 in London, gest. am 22.1.1901 im Osborne House, Isle of Whight

Alexandrina Victoria kam am 24. Mai 1819 im Kensington Palast auf die Welt. Ihr Vater war Prince Edward, Duke of Kent and Strathearn und vierter Sohn von König George III., ihre Mutter war Marie Louise Victoire von Sachsen-Coburg-Saalfeld. Am 23. Januar 1820 stirbt ihr Vater, gefolgt von König George III. am 29. Januar 1820, nun ist Victorias Onkel George IV. König. Er stirbt am 26. Juni 1830, sein jüngerer Bruder William IV., der ihm auf den Thron folgte, stirbt am 20. Juni 1837. Victoria, gerade einmal 18 Jahre alt, besteigt den englischen Thron. Zur gleichen Zeit wird ihr Onkel Ernst August König von Hannover. Der Erziehung ihrer Mutter Victoire und deren Berater John Conroy geschuldet, war Victoria in den Jahren der Isolation und der versuchten Manipulation schlecht auf die Rolle der Königin vorbereitet worden. So entlässt sie kurz nach der Proklamation zur Königin John Conroy, und Premierminister Lord Melbourne wird ihr engster Berater. Am 10. Februar 1840 heiratete Victoria Albert von Sachsen-Coburg-Gotha, der ein guter Ratgeber für sie wird. Aus der glücklichen Verbindung gingen neun Kinder hervor, bis Albert, nachdem er am 25. Juni 1857 zum Prince Consort erhoben wurde, im November 1861 erkrankte und am 14. Dezember 1861 verstarb. Victoria war erschüttert, trug nur noch schwarz, und zog sich aus der Öffentlichkeit zurück. Trotzdem hielt sie weiter engen Kontakt zu ihren Premierministern.

Im Jahr 1876 bescherte ihr Premierminister Benjamin Disraeli den Titel Kaiserin von Indien. Am 27. März 1883 starb ihr geschätzter Diener John Brown, der ihr viele Jahre lang treu zur Seite gestanden hatte. 1884 starb ihr Sohn Leopold, nachdem 6 Jahre vor ihm bereits seine Schwester Alice gestorben war. Zu ihrem goldenen Thronjubiläum im Jahr 1887 bekam sie den Diener Hafiz Abdul Karim, genannt Munshi, der rasch vom Diener zum Sprachlehrer für Urdu und zum Sekretär avancierte, und der als ihr Favorit galt. 1888 wurde Victorias Enkel Wilhelm II. Kaiser des Deutschen Reiches. 1894 wurde ihre Enkelin Alexandra Zarin von Russland. 1897 feierte sie ihr diamantenes

Thronjubiläum. Am 24. Mai 1899 beging sie noch ihren achtzigsten Geburtstag. Sie starb, 81-jährig, am 22. Januar 1901 im Osborne House auf der Isle of Whight.

Victoria wurde als Großmutter Europas bezeichnet. Neben ihren 9 Kindern hatte sie 42 Enkel, die sie zusammen mit der Erbkrankheit der Hämophilie über die Königs- und Adelshäuser Europas verteilte.

Ihre Herrschaft dauerte über 63 Jahre, sie erlebte insgesamt zehn Premierminister.

Das Viktorianische Zeitalter gilt noch heute als die Blütezeit der britischen Aristokratie und des aufsteigenden Bürgertums. Es war eine Periode politischer Machtentfaltung und wirtschaftlichen Aufschwungs, das Zeitalter der Kolonialisierung, der Industrialisierung, großer Erfindungen, Entdeckungen und vieler Kriege. Aber es war auch das Zeitalter des Karl Marx und Charles Dickens, der Einführung des 10-Stunden-Arbeitstags und der graduellen Verbesserung der Lebensumstände für die Arbeiter und die Armen.

Auch war es das Zeitalter der Choleraepidemien in England und der Missernten in Irland.

Das Britische Empire unter Königin Victoria war „das Reich, in dem die Sonne nie unterging".

# George Eliot (Mary Anne Evans)

Schriftstellerin;
geb. am 22.11.1819 in Nuneaton, gest. am 22.12.1880 in London

Mary Anne Evans wurde am 22. November 1819 in Nuneaton, Warwickshire geboren. Ihr Vater war der Gutsverwalter des Arbury Hall Estates, Robert Evans, ihre Mutter war Christiana Evans, Roberts zweite Frau. Mary Anne hatte zwei Geschwister und aus Roberts erster Ehe zwei Halbgeschwister. Mary Anne besuchte ab ihrem 5. Lebensjahr die Schule, zunächst in Attleborough, dann in Nuneaton und zuletzt, bis zu ihrem 16. Lebensjahr, in Coventry. Auch durfte sie die Bibliothek in Arbury Hall für ihre autodidaktischen Studien nutzen. 1836 starb ihre Mutter. Nun musste Mary Anne für ihren Vater den Haushalt führen. 1841 heiratete ihr Bruder Isaac und übernahm das Haus, so dass Mary Anne mit ihrem Vater nach Foleshill bei Coventry zog. Mary Anne führte ihm den Haushalt und pflegte ihn bis zu seinem Tod im Jahr 1849, da war sie 30 Jahre alt. Die Nähe zur Gesellschaft Coventrys, insbesondere die zum Fabrikanten Charles Bray und seines „Rosehill Circles" eröffnete Mary Anne nicht nur den Zugang zu liberalem Gedankengut, sondern auch zu einem agnostischen Theismus. So übersetzte Mary Anne David Friedrich Strauß' „Das Leben Jesu" und Ludwig Feuerbachs „Das Wesen des Christentums". Fünf Tage nach der Beerdigung ihres Vaters reiste Mary Anne mit den Brays in die Schweiz und ließ sich für einige Zeit in Genf nieder. Nach ihrer Rückkehr im Jahr 1850 zog sie nach London und wurde stellvertretende Redakteurin der „Westminster Review", für die sie schon früher Artikel geschrieben hatte. 1850-51 studierte sie Mathematik am Ladies College, Bedford Square in London.

Mary Anne traf den verheirateten George Henry Lewes zu ersten Mal im Jahr 1851. Er führte eine offene Beziehung mit seiner Frau Agnes Jervis, die von ihm drei Kinder hatte, sowie vier mit Thornton Leigh Hunt. Im Juli 1854 reisen Mary Anne und George nach Weimar und Berlin. Sie hatten beschlossen, miteinander zu leben, und die Reise nach Deutschland sollte ihre Flitterwochen sein. Beide hatten ebenfalls beschlossen, ihr Zusammenleben nicht zu verheimlichen. So nahmen sie sich in Richmond eine Wohnung. Natürlich war dies im prüden viktorianischen England ein Skandal, allenfalls die Männer durften sich Mätressen zulegen.

Ab 1857 erscheinen ihre Kurzgeschichten fürs Blackwood's Magazine unter ihrem Pseudonym George Eliot, ab 1859 dann ihre Romane „Adam Bede", „The Mill on the Floss", 1860, „Silas Marner", 1861, „Romola", 1863, „Felix Holt, the Radical", 1866, ihr wohl berühmtester Roman „Middlemarch" 1871-2 und „Daniel Deronda", 1876. Ihre Romane waren ein großer Erfolg und selbst Königin Victoria las sie. Am 30. November 1878 starb Lewes, und in den nächsten beiden Jahren überarbeitete Mary Anne sein letztes Werk „Life and Mind", um es zu veröffentlichen. Am 16. Mai 1880 heiratet sie den 20 Jahre jüngeren John Walter Cross. Sie stirbt am 22. Dezember 1880 und wird neben George Henry Lewes auf dem Highgate Cemetery beerdigt. Der Platz in der Poet's Corner in der Westminster Abbey wurde ihr verwehrt.

Mary Anne Evans gab sich immer wieder neue Namen, aus Mary Anne Evans wurde Mary Ann Evans, dann Marian Evans, Marian Evans Lewes, George Eliot und zuletzt Mary Ann Cross.

*„Our deeds determine us, as much as we determine our deeds."*
*George Eliot, Adam Bede*

# Florence Nightingale

Krankenschwester und Begründerin des modernen Sanitätswesens;
geb. am 12.5.1820 in Florenz, gest. am 13.8.1910 in London

Florence Nightingale wurde am 12. Mai 1820 in Florenz geboren und nach ihrer Geburtsstadt benannt. Ihre Eltern waren William Edward und Frances Nightingale. William hatte das Anwesen Lea Hurst, das Wappen und den Namen Nightingale von seinem Großonkel Peter Nightingale geerbt. Florence hatte noch eine ältere Schwester, Frances Parthenope. Im Jahr 1821 zog die Familie zurück nach England auf ihre Landsitze Lea Hurst in Derbyshire und Embley, Hampshire. Vater William unterrichtete seine Töchter. Im Februar 1837 hörte Florence Gottes Stimme, was sie dazu veranlasste, sich ab sofort in den Dienst ihrer Mitmenschen zu begeben. Den Wunsch, Krankenschwester zu werden, lehnt ihre ganze Familie ab. Einen Heiratsantrag von Richard Monckton Milnes, Baron Houghton, schlägt Florence aus. In den kommenden Jahren reist Florence nach Paris, wo sie sich mit Mary Clarke anfreundet, nach Rom, wo sie Sidney Herbert trifft, nach Athen und nach Ägypten. Sowohl in Theben, als auch in der Nähe von Kairo fühlt sie ihre Berufung durch Gott. Endlich ringt sie ihren Eltern die Erlaubnis ab, eine pflegerische Ausbildung zu machen. Ab 1850 absolviert sie ihre Ausbildung zur Krankenschwester bei der Diakonie in Kaiserswerth und bei den Barmherzigen Schwestern in Paris. 1853 nimmt sie in London eine Stelle in der Pflege von *sick gentlewomen* an. Dann bricht der Krimkrieg aus und Florence wird auf Empfehlung ihres Freundes, des Kriegsministers Sidney Herbert, vor Ort geschickt, da in den englischen Lazaretten nicht nur das Pflegepersonal fehlte, sondern auch, weil die sanitären Zustände dort katastrophal waren. Florence musste in ihrem ersten Winter in Scutari zusehen, wie weitaus mehr Soldaten an Typhus, Cholera und Dysenterie starben, als an ihren Kriegsverletzungen. Nun verbesserte Florence die hygienischen Bedingungen, stockte ausgebildetes Pflegepersonal auf, sorgte für frische Luft, Licht, Wärme, Reinheit, Ruhe und eine bessere Ernährung. So reduzierten Florences Maßnahmen die Sterberaten in den Lazaretten von 42% auf 2%. Da Florence sich tagsüber um Organisatorisches kümmern musste, konnte sie ihre Kranken erst abends, mit einer Lampe in der Hand, aufsuchen. Für die Soldaten war sie die „Lady mit der Lampe". Gegen Kriegsende erkrankte sie selbst und musste nach England heimkehren. Im Jahr 1860 wird die „Nightingale Training School for Nurses" am St. Thomas Krankenhaus in London ins Leben gerufen. Auch schreibt Florence Lehrbücher zur Krankenpflege, die „Notes on Hospital" und die „Notes on Nursing". Absolventinnen ihrer Krankenpflegeschule erhalten leitende Pflegestellen in den Krankenhäusern. Ab 1857 war Florence Nightingale immer wieder bettlägerig und litt an Brucellose. Trotzdem arbeitete sie weiterhin an der Krankenhaus- und Lazarettplanung, an statistischen Auswertungen zu Hygienebedingungen, zur Mortalität in den Lazaretten, sowie später zur Gesundheit der Britischen Armee in Indien. In ihren letzten Jahren schrieb sie nicht mehr viel, da sie fast blind und auch mental dazu nicht mehr in der Lage war. Sie starb am 13. August 1910 in London, im Alter von 90 Jahren. Sie war hochdekoriert mit dem Royal Red Cross, das ihr Königin Victoria 1883 verliehen hatte, und sie war als erste Frau im Jahr 1907 in den Order of Merit aufgenommen worden.

*Nicht ein Mann, nicht einmal ein Doktor definiert die Art, wie eine Krankenschwester zu sein hat, anders als „ergeben und gehorsam". Diese Definition trifft auf einen Gepäckträger zu. Oder vielleicht auf ein Pferd.*

# Elizabeth Blackwell

Erste Ärztin der USA und Großbritanniens; geb. am 3.2.1821 in Counterslip bei Bristol, gest. am 31.5.1910 in Hastings, Sussex

Elizabeth Blackwell wurde am 3. Februar 1821 in Counterslip, Bristol geboren. Ihre Mutter war Hannah Blackwell, ihr Vater Samuel Blackwell besaß eine Zuckerraffinerie. Sie hatten 9 Kinder. Elizabeth war die dritte. Nachdem die Raffinerie abgebrannt war, emigrierte die Famile im Jahr 1832 in die USA nach New York. Hier engagierte sich Elizabeths Vater für die Abschaffung der Sklaverei, aber auch für die Abschaffung von Kinderarbeit und für Frauenrechte. Er stirbt im Jahr 1838. Da wohnte die Familie bereits in Cincinnati, O-hio. Aufgrund der finanziellen Not der Familie nach dem Tod des Vaters gründeten die drei älteren Schwestern „The Cincinnati English and French Academy for Young Ladies“ als neue Einkommensquelle. 1844 nahm Elizabeth eine gutbezahlte Lehrerstelle in Henderson, Kentucky an, die sie aber nur ein halbes Jahr innehatte. Daran anschließend unterrichtete sie Musik in Asheville, North Carolina, dann unterrichtet sie an einem Internat in Charleston.

Im Oktober 1847, nach vielen erfolglosen Bewerbungen, erhält Elizabeth nun endlich einen Studienplatz für Medizin am Geneva Medical College in New York. Am 23. Januar 1849 schließt sie ihr Medizinstudium ab und ist somit die erste Ärztin der USA. Dann reist sie nach Europa, um in England und in Paris im Krankenhaus zu arbeiten. 1851 kehrt sie nach New York zurück, um eine eigene Praxis zu eröffnen. 1857 tut sie sich mit ihrer Schwester Emily und Marie Zakrzewska zur Gründung des „Women's Medical College of the New York Infirmary“ zusammen. Auch Emily hatte erfolgreich Medizin studiert. Während des Bürgerkriegs arbeiteten die Blackwellschwestern in der Krankenpflege. In den Folgejahren engagierte sich Elizabeth zunehmend in Großbritannien, um dort die medizinische Ausbildung für Frauen zu etablieren. 1874 wurde die „London School of Medicine for Women“ eröffnet. 1871 begründete sie die „National Health Society“ mit, den Vorläufer des modernen „National Health Service“, NHS. Gemeinsam mit Florence Nightingale bildeten sie an der „London School of Medicine for Women“ Krankenschwestern und

Ärztinnen aus. 1895 veröffentlicht Elizabeth ihre Autobiografie, eine ihrer zahlreichen Publikationen. 1906 reist sie noch einmal in die USA. 1907, bei ihrem Urlaub in Kilmun, Schottland, fällt sie eine Treppe hinunter und verletzt sich schwer. Am 31. Mai 1910 stirbt sie an einem Schlaganfall.

Keine der Blackwellschwestern hatte je geheiratet.

Elizabeth lebte ab 1856 bis zu ihrem Tod im Jahr 1910 mit ihrer Adoptivtochter Kitty Barry zusammen.

# Emily Mary Osborn

Malerin; getauft am 19.3.1828 in London,
gest. am 14.4.1925 in St. John's Wood, London

Emily Osborn war das älteste von 9 Kindern von Reverend Edward Osborn und seiner Frau Mary. Ihre Kindheit verbrachte Emily in Kent und in Essex, bis die Familie im Jahr 1842 wieder zurück nach London zog. Mit 20 Jahren besuchte sie die Akademie von Mr Dickinson, wo sie 3 Monate lang Kunstunterricht bei John Mogford und James Matthew Leigh bekam. Als ihr Vater sie nach diesen drei Monaten aus der Akademie nahm, studierte sie auf privater Basis bei Leigh zuhause, bis sie dann für ein Jahr auf Leigh's General Practical School of Art gehen konnte, um die Malerei in Öl zu erlernen. In den 1850er Jahren baute sich Emily den Ruf einer Genre-Malerin auf, die sich auf figurative Subjekte unprätentiöser Charaktere spezialisierte, wie zum Beispiel Frauen in erbärmlichen Situationen. Ihr wohl berühmtestes Bild ist „Nameless and Friendless“. Es drückt aus, wie schwer es für eine Künstlerin ist, ihren Lebensunterhalt zu verdienen. Es zeigt ebenfalls auf, wie vulnerabel Frauen sind. Dieses Gemälde wurde erstmalig 1857 in der Royal Academy ausgestellt.

Weitere Gemälde Emily Osborns wurden in der Royal Academy, in der Crystal Palace Picture Gallery und weiteren Galerien Englands ausgestellt. Auch verkaufte Emily ihre Portraits und Genremalereien an wohlhabende Privatpersonen und an Königin Victoria. Häufig versah Emily ihre Gemälde mit Zitaten von Byron, Tennyson, von ihrem Bruder Edward und anderen. Im Jahr 1862 erhielt sie für ihr Gemälde „Tough and Tender“ die Silbermedaille der *Society for the Encouragement of the Fine Arts*. Dank ihres Erfolgs konnte sie ein Atelier an das Haus der Familie anbauen. 1861 reiste Emily nach Süddeutschland und besichtigte Hessen, Württemberg und München. 1865 und 1866 verbrachte sie in Venedig an der Akademie von Piloty und wieder in München. Während des Französisch-Preußischen Kriegs 1870/1 pflegte sie zusammen mit ihrer Schwester ein halbes Jahr Verwundete in Heidelberg.

Als sie 1873 nach Großbritannien zurückkehrte, wohnte und arbeitete sie zunächst in London, dann in Glasgow. 1877 zog sie in ein anderes Atelier um, in die Nähe von Emily Davies. Nach einer Reise nach Nordafrika in den frühen 1880er Jahren wandte sie sich der Landschaftsmalerei zu. In Nordafrika hatte sie Barbara Leigh Smith Bodichon getroffen. Ihr Porträt hängt im Girton College, Cambridge. Emily hatte 1859 die Petition für die Aufnahme von Frauen an die Royal Academy Schools unterzeichnet, 1889 hat sie die Erklärung fürs Frauenwahlrecht unterschrieben. Seit 1886 wohnte sie mit ihrer Freundin Mary E. Dunn zusammen. Sie starb im Alter von 97 Jahren am 14. April 1925 in London.

Nameless and Friendless, Emily Osborn, 1857. Public Domain.
*The rich man's wealth is his strong city:*
*the destruction of the poor is their poverty.*

# Emily Davies

**Suffragette und Verfechterin der Hochschulbildung für Frauen; geb. am 22.4.1830 in Southampton, gest. am 13.7.1921 in London**

(Sarah) Emily Davies wurde am 22. April 1830 in Southampton als viertes Kind von John Davies und seiner Frau Mary geboren. John Davies war Geistlicher und von kränklicher Konstitution, so dass die Familie häufig umziehen musste. Nach Southampton ging die Familie nach Chichester, wo John Davies Gemeindepfarrer war und die Schule leitete, dann zog die Familie nach Gateshead, Co. Durham, wo sie bis 1861 lebten. Während Emilys Brüder zur Schule und zur Universität gehen durften, wurden Emily und ihre Schwester Jane angehalten, Näharbeiten zu machen und sich in der Gemeinde des Vaters nützlich zu machen. Später sollte sich Emily über diese Ungerechtigkeit ärgern.

Von 1855 bis 1858 pflegte Emily ihre an Tuberkolose erkrankte Schwester Jane in Torkay, sowie ihren ebenso erkrankten jüngeren Bruder Henry in Algier. Im Jahr 1858 stirbt ihr Bruder William, 1861 ihr Vater. Emily zieht Anfang 1862 mit ihrer Mutter nach London. Sie schließt sich der „Society for Promoting the Employment of Women", SPEW, an. Von nun an setzt sie sich für bessere Bedingungen für Frauen aus der Mittelklasse ein. Sie freundet sich mit Elizabeth Garrett an, hört Vorträge von Elizabeth Blackwell, sie engagiert sich in der Frauenwahlrechtsbewegung, lehnt aber militante Aktionen ab. Im Oktober 1864 organisiert Emily ein Memorial, das fordert, dass in Cambridge Frauen zu den Prüfungen zugelassen werden. Ebenso forderte sie, dass Mädchen eine Schulbildung erhalten. Im Jahr 1869 führt sie die Kampagne für Großbritanniens erstes Frauencollege an. So wurde sie Girton's erste Mistress von 1873 bis 1875, danach wurde sie Sekretärin des Exekutivkommittees, dann ab 1877 Schatzmeisterin, zuletzt *honorary secretary* des Girton Colleges. Emily Davies plädierte für dieselben Bedingungen für Frauen und Männer an Universitäten. Nach 1904 widmete sich Emily wieder dem Wahlrecht für Frauen und wurde in London Sekretärin der „National Society for Women's Suffrage" bis 1912. Im Jahr 1914 zog sie nach Hampstead in die Nähe ihres Bruders, der 1916 verstarb. Emily starb am 13. Juli 1921 in London.

*Sie hatte das große Glück, die Wahlen im Dezember 1918 miterleben zu dürfen.*

# Jane Morris

Modell der Präraffaeliten, Ehefrau von William Morris;
geb. am 19.10.1839 in Oxford, gest. am 26.1.1914 in Bath

Jane Burden wurde am 19. Oktober 1839 in Oxford geboren, als zweite Tochter von Robert und Ann Burden. Robert Burden arbeitete als Stallknecht im Symonds' Livery Stall in der Holywell Straße in Oxford, Ann als Hausmagd. Ihre älteste Tochter Mary Ann, die am 17. Mai 1835 auf die Welt kam, starb 1849 an Tuberkulose. Jane's Bruder William wurde 1837 geboren, die jüngste Schwester Elizabeth, genannt Bessie, 1842. Janes Mutter Ann war offensichtlich Analphabetin, denn in Janes Geburtsregister findet sich anstelle der Unterschrift ihrer Mutter ein Kreuz. Dennoch durften die Kinder zur Schule gehen und Lesen und Schreiben lernen. Es wird angenommen, dass Jane die Holywell Parish School besuchte. Ann unterrichtete ihre Töchter in Nähen und Sticken. Die Familie zog öfters innerhalb Oxfords um, es sind Wohnorte der Burdens in der St. Helen's Passage, der Braziers Passage und beim King's Head public house dokumentiert.

Ihre Kindheit, wie Jane selbst berichtete, war nicht sonderlich glücklich, und sie erinnerte sich später, dass es ihre einzige Freude war, Veilchen in der Iffley Road zu pflücken. Die Armut der Familie muss für Jane bedrückend gewesen sein, der Vater neigte zur Brutalität. Ihm wurde vorgeworfen, im Jahr 1837 eine Nachbarin niedergeschlagen zu haben. 1853 wurde Jane vierzehn, und es wird angenommen, dass sie in diesem Alter auch von ihren Eltern zur Arbeit als Hausmagd oder Wäscherin geschickt worden sei. Sie selbst hat sich nie dazu geäußert. Ihr Bruder William nahm mit 14 eine Stelle als College Messenger in Oxford an.

Im Herbst 1857 ging Jane mit ihrer Schwester Bessie in Oxford in eine Theatervorstellung der Londoner Royal Drury Lane Company. Beim Verlassen des Theaters wurde sie von zwei Herren angesprochen, der eine war Dante Gabriel Rossetti, der andere Edward Burne-Jones. Die Herren stellten sich vor, sagten, dass sie Maler seien und derzeit die Debating Hall der Oxford Union mit Wandmalereien gestalteten. Sie fragten die beiden gutaussehenden Mädchen, ob sie ihnen Modell stehen würden.

Es wird berichtet, dass Jane zusagte, aber zur vereinbarten Zeit nicht auftauchte. Erst einige Tage später traf Edward Burne-Jones Jane zufällig auf der Straße wieder und erfuhr so den Grund, weshalb Jane nicht zum Modellstehen kam: sie war erst 17 und es fehlte ihr die elterliche Zustimmung. Als diese eingeholt war, erschien Jane in der George Street bei den Künstlern Dante Gabriel Rossetti, Edward Burne-Jones und William Morris.

Rossetti hatte Jane als sein Modell aufgrund ihrer *striking appearance* ausgewählt. Sie war etwas ganz Besonderes, entsprach nicht dem herkömmlichen Schönheitsideal der Zeit, aber sie übte eine Faszination aus, die Rossetti bei seinem Theaterbesuch gleich erkannt hatte. Jane war groß und schlank, mit einem blassen Teint, Gesichtszügen einer vielleicht griechischen Göttin und langem, vollen, gelockten Haar. Ihr Ausdruck hatte eine Mischung aus Laszivem, Unnahbarem, Unschuldigem und dennoch unendlich Femininem.

Zunächst stand sie ausschließlich Rossetti Modell, während die anderen Künstler die Debating Hall bemalten. Rossetti arbeitete an der Queen Guenevere. In der George Street traf Jane auch William Morris. Als Rossetti im November 1857 nach Derbyshire zu Elizabeth Siddall reiste, begann Jane statt für Rossetti, für Morris Modell zu sitzen. Morris malte die Isolde (La Belle Iseult), und las Jane gelegentlich vor. Beide kommen sich näher, Morris schreibt auf sein Isoldegemälde: „I cannot paint you but I love you." Im Frühjar 1858 verlobten sie sich. Morris war zu der Zeit schon ein reicher Mann mit einem Einkommen von ungefähr 900 Pfund jährlich, aus Einkünften von Aktien an Zinnminen in Cornwall, die ihm sein Vater hinterlassen hatte.

Morris, oder Topsy, wie ihn seine Freunde aufgrund seiner Haarpracht nannten, war verliebt in die Schönheit Jane Burden. In seinem Gedicht *Praise Of My Lady* bringt er das zu Ausdruck.

Die Hochzeit war für das Frühjahr 1859 geplant. Im August 1858 reiste Topsy mit seinen Freunden Charley Faulkner und Philip Webb nach Nordfrankreich und ruderte von Paris aus mit einem Oxford Boot die Seine entlang. Während Morris' Abwesenheit besuchte Dante Gabriel Rossetti Jane in Oxford und fertigte eine Studie von Guenevere nach Janes Modell an. Nach seiner Rückkehr nach England erlitt Topsy eine Art Nervenzusammenbruch und litt an Depressionen.

Im Oktober war Morris wieder in Frankreich, dismal um alte Manuskripte, Rüstungen, Eisenwaren und Emailles zu erwerben.

Was Jane in dem Jahr zwischen ihrer Verlobung und Hochzeit machte, bleibt Spekulation. Es wird jedoch angenommen, dass sie sich in Haushaltsführung kundig machte, Klavier spielen lernte, nähte und las.

Am Dienstag, den 26. April 1859 wurden William Morris und Jane Burden in der kleinen Gemeindekirche St. Michael's in Oxford getraut. Topsys Freund Dixon vollzog die Trauung, Faulkner war Trauzeuge, Burne-Jones und andere Freunde Morris' aus Oxford-Zeiten wie Charley Faulkner waren geladen. Auch Janes Familie – Bessie war Brautjungfer – war anwesend. Von der Morris Familie kam jedoch niemand. Auch Dante Gabriel Rossetti kam nicht. Als Hochzeitsgeschenk überreichte Topsy Jane eine antike Silberschale.

Die Flitterwochen verbrachten Jane und William Morris auf dem Kontinent. Von Dover aus reisten sie nach Nordfrankreich, Paris, nach Flandern und entlang des Rheins bis nach Basel. Die Hochzeitsreise dauerte 6 Wochen, und im Juni 1859 bezogen sie ihre erste gemeinsame Wohnung in der Great Ormond Street Nummer 41 in London. Morris kaufte auch das Red House.

Später kaufte er Kelmscott Manor, das er zeitweilig seinem Freund und Malerkollegen Dante Gabriel Rossetti zur Verfügung stellte, und der ein Verhältnis mit Jane hatte.

Jane und William Morris hatten zwei Töchter, Jane und May.

William Morris starb am 3. Oktober 1896. Jane starb am 26. Januar 1914 in Bath.

Ihre Schönheit ist heute noch auf den Gemälden der Präraffaeliten zu bewundern.

Dante Gabriel Rossetti, The Day Dream, 1880.
© akg-images / AKG7493605.

# Emmeline Pankhurst

Frauenrechtlerin und Suffragette;
geb. am 14.7.1858 in Manchester, gest. am 14.6.1928 in London

Emmeline Goulden wird 1858 als drittes Kind von Robert Goulden und seiner Frau Sophia Jane Crane in Manchester geboren. Robert Goulden hatte sich zum Unternehmer hochgearbeitet. Beide Eltern kämpften in der Liberal Party für die Aufhebung der Sklaverei, gegen das Getreidezollgesetz und für das Frauenwahlrecht. Schon mit vierzehn nahm Emmeline an einer Versammlung zum Frauenwahlrecht teil. Nach den ersten Schuljahren in Manchester schicken die Eltern Emmeline auf eine Mädchenschule nach Paris. Als sie zurückkehrt, lernt sie den 24 Jahre älteren Rechtsanwalt und liberalen Reformer Richard Marsden Pankhurst kennen. Sie heiraten 1879. Trotz des Altersunterschiedes ist es eine Liebesheirat. Gemeinsam bekommen sie fünf Kinder: Christabel, Sylvia, Frank, der bereits mit 5 Jahren starb, Adela und Henry Francis. Richard Pankhurst bemüht sich vergeblich für einen Sitz im Unterhaus. 1884 verlassen Emmeline und Richard die Liberal Party und treten der Fabian Society bei. 1885 ziehen sie nach London. 1889 sind sie an der Gründung der Liga für das Frauenwahlrecht beteiligt. 1893 kehren sie nach Manchester zurück und treten 1894 der Independent Labour Party bei. 1898 stirbt Richard unerwartet. Emmeline muss nun alleine die Familie ernähren und nimmt die angebotene Stelle als Standesbeamtin an. 1903 gründet sie die „Women's Social and Political Union", W.S.P.U. und plädiert zunächst für einen gewaltlosen Widerstand. Christabel und Annie Kenney führen 1905 die erste militante Aktion, die Störung einer Versammlung der Liberal Party, durch. Zunehmend radikalisiert sich die Bewegung, bis hin zu Brand- und Bombenanschlägen. Emmeline wird mehrfach verhaftet, kommt erstmalig 1908 ins Gefängnis. 1913 wird sie zu drei Jahren Haft verurteilt, was Straßenschlachten, Anschläge auf prominente Personen und öffentliche Einrichtungen vonseiten der Frauenrechtlerinnen zur Folge hatte. Kurze Zeit später, aufgrund ihres Hungerstreiks und schlechten Gesundheitszustands, wird Emmeline aus dem Gefängnis Holloway entlassen, doch die Anschläge nehmen sogar noch in stärkerem Ausmaß zu. Kirchen werden angezündet, Bomben detonieren, Briefkästen werden mit Säure übergossen. Am 22. Mai 1914 wird Emmeline bei dem Versuch vor dem Buckingham Palace, König Goerge V. eine Petition zu überreichen, erneut verhaftet. Bereits 1913 hatte das Parlament den „Cat and Mouse Act“ verabschiedet, bei dem die Damen zwar aus der Haft entlassen werden, falls sie durch den Hungerstreik ernsthaft krank würden, jedoch nach einer Gesundung wieder inhaftiert werden. Mit Ausbruch des Ersten Weltkriegs ruhen die Aktionen. 1917 wird die Frauenpartei, die „Women's Party“, gegründet. 1918 begibt sich Emmeline auf eine Vortragsreise nach Kanada und bleibt dort bis 1925. 1925 geht sie nach Juan-les-Pins an die Côte d'Azur. 1928 kehrt sie nach England zurück, tritt der konservativen Partei bei und wird als deren Kandidatin aufgestellt. Aus gesundheitlichen Gründen kann sie aber am Wahlkampf nicht mehr teilnehmen. Sie stirbt am 14. Juni 1928 in London.

*Deeds not Words was to be our permanent motto.*
*Emmeline Pankhurst*

# Emily Hobhouse

Philanthropin, Friedensaktivistin;
geb. am 9.4.1860 in St. Ive, gest. am 8.6.1926 in London

Emily Hobhouse wuchs in St. Ive in Cornwall in einem Pfarrershaushalt auf. Ihr Vater Reginald war Erzdiakon von Bodmin, ihre Mutter Caroline war die Tochter des 8. Baron Sir William Lewis Salusbury-Trelawny und entstammte einer alten cornischen Familie. Als Emily zwanzig war, starb ihre Mutter. Die Brüder gingen aus dem Haus, die Schwestern heirateten, und so war Emily die einzige, die bis zum Tode des Vaters 1895 bei ihm zuhause und in der Gemeinde blieb. Dann ging sie nach Virginia, Minnesota, um sich dem Alkoholproblem der cornischen Minenarbeiter anzunehmen. In Virginia lernte sie auch den Amerikaner John Carr Jackson kennen und lieben und plante, mit ihm eine Farm in Mexiko zu bewirtschaften. Sie kaufte die Farm dort, doch Jackson kam nie nach. So verlor sie einen großen Teil ihres Erbes und sah sich gezwungen, wieder nach Großbritannien zurückzukehren.

In London arbeitete sie für den „Women's Industrial Council", engagierte sich für das Wahlrecht der Frauen, kümmerte sich um die Behausung von Arbeiterfrauen und schrieb unter anderem Berichte über Kinderarbeit. Als 1899 der Anglo-Burenkrieg in Südafrika ausbrach, trat sie dem „South African Conciliation Committee" bei und brachte den „South African Women and Children Distress Fund" auf den Weg, um Gelder für die Frauen und Kinder in den Konzentrationslagern zu sammeln. Mit diesem Geld fuhr sie im Dezember 1900 nach Südafrika und besuchte als erste Zivilistin dort 6 Konzentrationslager. Sie verteilte, was sie mitgebracht hatte und war entsetzt über die Zustände, das Sterben der Frauen und das hohe Kindersterben. Zurück zuhause machte sie das dort Gesehene in ihrem Bericht publik und protestierte bei der Regierung. Erst langsam und nach den Erhebungen einer von der Regierung beauftragten Ermittlungskommission unter Millicent Garrett Fawcett besserten sich die Zustände in allen weißen Lagern. Nach dem Krieg half Emily in Südafrika beim Wiederaufbau mit. Sie organisierte Ochsen zum Pflügen, Saatgut und gründete Spinn- und Webschulen für die Frauen.

Als der erste Weltkrieg ausbrach, schloss sich Emily der sich damals formierenden „Women's International League for Peace and Freedom" an. Dadurch knüpfte sie weltweite Kontakte mit Frauen und männlichen Pazifisten, die gegen den Krieg und für Frieden waren. Alleine beantragte sie von der Schweiz aus, ins besetzte Belgien und nach Deutschland reisen zu dürfen, um sich ein Bild über die Nahrungsmittelsituation in Belgien zu machen, sowie sich das Zivilistengefangenenlager Ruhleben bei Berlin anzusehen. In Berlin nützte Emily ihre alte Bekanntschaft aus Rom, Gottlieb von Jagow, um ihn als derzeitigen deutschen Außenminister für ihre Friedenspläne zu gewinnen. Für diese und andere konspirative Aktionen im Feindesland, wie Besuche und Treffen mit deutschen Pazifisten in Berlin, sollte Emily später von Scotland Yard verhört werden.

Nach dem ersten Weltkrieg engagierte sich Emily für russische Babies, österreichische und deutsche Kinder. Sie organisierte für diese verhungerten und teils kranken Kinder Sanatoriumsaufenthalte, Aufenthalte in der Schweiz und medizinische Versorgung. Sie betrieb die Schülerspeisungsprogramme und Nahrungsmittelhilfen, wie die in der Leipziger Oststadt oder wie die *Fat Guild.*

1921 schenkten ihr ihre südafrikanischen Freunde ein Haus in St. Ives. 1923 zog sie wieder nach London zurück und starb dort am 8. Juni 1926. Mit großen Ehren wurde ihre Asche in Bloemfontein im Frauenmonument beigesetzt.

## Mary Kingsley

Forschungsreisende und Schriftstellerin; geb. am 13.10.1862 in London Islington, gest. am 3.6.1900 in Simonstown, Südafrika

Mary Henrietta Kingsley war die Tochter des Arztes George Henry Kingsley und seiner Frau Mary Bailey. Kurze Zeit nach Marys Geburt zieht die Familie nach Highgate an den nördlichen Stadtrand Londons. Mary besuchte nie die Schule, bildete sich aber selbst in der Bibliothek ihres Vaters in Ethnologie, Geografie, Chemie und Physik. Sporadisch gibt ihr ihr Vater Unterricht. Ihr Vater George war Leibarzt diverser Adeliger und Offiziere und reiste mit diesen um die Welt. Von diesen Reisen bringt er viele Dinge mit, sowie seine Notizen und Tagebücher. Im Jahr 1886 zieht die Familie nach Cambridge. 1892 stirbt zunächst Marys Vater, dann innerhalb von sechs Wochen die Mutter, die schwer depressiv war und die Mary bis zu ihrem Tod pflegte. 1892 übernimmt Mary die Aufarbeitung des Nachlasses ihres Vaters. Sie unternimmt eine erste Schiffsreise auf die Kanarischen Inseln und Marokko. Bevor sie 1893 zu ihrer ersten Westafrikareise aufbricht, macht sie noch eine Kurzausbildung zur Krankenschwester. Sie lebt bei Einheimischen, betreibt erste ethnologische Feldstudien. Ihre Reise führt sie über Sierra Leone bis nach Angola und in die Kolonie Französisch-Kongo, dem heutigen Gabun. Über Calabar kehrt sie in 1894 reich beladen an allerlei Objekten wieder nachhause zurück. Die Reise diente der Erforschung von Flora und Fauna und war für Mary nur eine Art Übung für die nächste große Expedition.

Bereits im Dezember 1894 bricht Mary zu ihrer zweiten Expedition auf. Ihr Weg führt sie über die Goldküste und Old Calabar wieder in die Kolonie Französisch-Kongo, dann entlang zweier Flüsse an die Küste nach Corisco und in die Kolonie Kamerun. Dort besteigt sie als erste europäische Frau den 4.095 Meter hohen Kamerunberg. 1895 tritt sie die Heimreise nach England an, wo sie im Oktober 1895 eintrifft. Die in Afrika gesammelten Stücke überlässt Mary dem Britischen Museum. Ihre Reiseberichte fasst sie in ihrem Buch „Travels in West Africa“ zusammen, das 1897 erscheint und mit dem sie Berühmtheit erlangt. Zwei Jahre später gibt sie noch die „West African

Studies" heraus. Ihre Berichte stießen in England auf großes Interesse. So tourte Mary in den folgenden drei Jahren als Vortragsreisende durch England. Statt ihre dritte Westafrikareise anzutreten bietet sich Mary Kingsley bei Ausbruch des Anglo-Burenkriegs 1899 als Krankenschwester an. Am 10. März 1900 besteigt sie ein Schiff nach Kapstadt. Sie wird in ein Lager burischer Kriegsgefangener nach Simonstown bei Kapstadt gebracht. Dort infiziert sie sich mit Typhus. Sie stirbt am 3. Juni 1900 in Simonstown an Typhus und wird mit militärischen Ehren vor der Küste Afrikas seebestattet.

*„Ich selbst aber gehöre zur nicht-menschlichen Welt. Mein Volk sind die Mangroven, die Sümpfe und Flüsse, das Meer – wir nämlich verstehen uns. Deren Verhalten bringt mich nicht so durcheinander wie die Menschen mit ihren Umtrieben."*
*Mary Kingsley an Matthew Nathan, Gouverneur von Sierra Leone, 1899*

# Edith Holden

Malerin und Illustratorin; geb. am 26.9.1871 in Kings Norton, Birmingham, gest. am 15.3.1920 in der Themse beim Kew Gardens Walk

Edith Blackwell Holden wurde am 26. September 1871 in Birmingham geboren. Ihr Vater war Arthur Holden, der Eigentümer der Farbenfabrik Holden's Paint Factory, Stadtrat und Philanthrop und ihre Mutter war Emma Wearing. Sie war früher Gouvernante und hatte zwei religiöse Bücher geschrieben. Beide Eltern waren Unitarians und Spiritualisten. Ediths zweiter Vorname geht auf eine Cousine der Holdens, Elizabeth Blackwell, zurück. Edith und ihre Schwestern werden zuhause von der Mutter unterrichtet. Mit 13 Jahren darf Edith die Birminham School of Art besuchen. Mit 20 geht sie nach Schottland auf die Kunstschule von Denovan Adam. 1904 stirbt die Mutter.

Von 1906 bis 1909 unterrichtete Edith an der Mädchenschule Solihull. In dieser Zeit arbeitete sie auch an den „Nature Notes for 1906", die ihren Schülern als Vorlagen dienen sollten. Dann arbeitete Edith als Illustratorin, zunächst für das Magazin *The Animal's Friend*, später für einige Kinderbücher, wie zum Beispiel „The Three Goats Gruff" und „Birds, Beasts and Fishes". Ediths Zeichnungen werden in den Jahren 1890-1907 von der Royal Birmingham Society of Artists und von der Royal Academy of Arts in den Jahren 1907 und 1917 ausgestellt.

1909 zieht Edith nach London, wo sie 1911 den zehn Jahre jüngeren Bildhauer Ernest Smith trifft und heiratet. Die Ehe bleibt kinderlos. Ernest Smith wird Assistent der Gräfin Feodora Gleichen, die ein Studio im St. James Palast hat, wo auch andere Künstler und Aristokraten verkehren. Edith und Ernest wohnen in Chelsea. Auch hier arbeitet Edith als Illustratorin.

Am 15. März 1920 verlässt Edith ihren Mann am Morgen und teilt ihm mit, dass sie an die Themse runtergehen würde, um den Universitätsteams beim Trainieren zuzusehen. Am Abend ist sie nicht zurück. Am kommenden Morgen um 6 Uhr wird ihr Leichnam beim Kew Gardens Walk in der Themse gefunden. Edith hatte versucht, einen überhängenden Zweig Kastanienknospen zu pflücken und stürzte so vorwärts über in die Themse und ertrank.

*Ihr posthum im Jahr 1977 unter dem Titel „The Country Diary of an Edwardian Lady“ veröffentlichtes Tagebuch“ Nature Notes for 1906“ wurde ein Bestseller, und Edith Holden gelangte 57 Jahre nach ihrem tragischen Tod zu später Berühmtheit.*

## Emily Davison

Suffragette; geb. am 11.10.1872 in Blackheath, London, gest. am 8.6.1913 in Epsom, London

Emily Wilding Davison wurde am 11. Oktober 1872 als Tochter des pensionierten Kaufmanns Charles Davison und seiner zweiten Frau Margaret in Blackheath, London geboren. Bis zu ihrem 11. Lebensjahr wurde sie zuhause unterrichtet, dann ging sie auf mehrere Schulen, besuchte die Kensington High School ab 1885 und bekam ein Stipendium für das Royal Holloway College, um Literatur zu studieren. 1893 starb ihr Vater und ab sofort war kein Geld mehr da, um ihre Studien zu finanzieren. Emily suchte sich eine Stelle als Gouvernante und lernte in den Abendstunden. So schaffte sie ein *first-class honours* in Englisch an der Universität Oxford. Nun arbeitete sie als Lehrerin in Edgbaston und Worthing, dann wieder als Hauslehrerin in Northamptonshire und schloss im Jahr 1908 ihre Studien an der Universität London mit einem *third-class honours* in Neueren Sprachen ab.

Im November 1906 schließt sich Emily der „Women's Social and Political Union", W.S.P.U., an und übernimmt Aufgaben in deren Organisation. 1908 und 1909 ruht ihr Lehrerjob, und sie widmet sich ausschließlich der W.S.P.U. Im März 1909 wird sie zum ersten Mal für die Teilnahme an einem Marsch zu Premierminister Asquith verhaftet und zu einer Gefägnisstrafe von einem Monat verurteilt. Auch im Juli, September und Oktober 1909 wurde sie für Störungen und Steinewerfen verurteilt und begab sich im Gefängnis in den Hungerstreik. 1910 wird sie von der W.S.P.U. angestellt und schreibt für sie an der Zeitschrift „Votes for Women". 1910 wird sie wieder verhaftet und im Gefängnis acht Tage zwangsernährt. 1911, in der Nacht der Volkszählung, versteckt sie sich in einem Schrank in der Kapelle vom Westminster Palace. Wieder wird sie verhaftet. Im Dezember 1911 erfindet sie die neue Taktik, Briefkästen anzuzünden. Dabei wird sie von der Polizei verhaftet und zu 6 Monaten Gefängnis verurteilt. Wieder wird sie zwangsernährt. Im Juni 1912 rufen die Damen im Gefängnis Holloway zum Hungerstreik auf. Emily will ein drastisches Zeichen setzen und wirft sich 30, 40 Fuß tief die Eisentreppe hinunter, mit dem Kopf voraus. Sie verletzte sich dadurch schwer am Kopf und brach sich zwei Wirbel. Im November 1912 wird Emily ein letztes Mal verhaftet. Sie wurde zu 10 Tagen Gefängnis verurteilt, wurde aber nach 4 Tagen Hungerstreik freigelassen. Insgesamt war sie 7 Mal im Hungerstreik und wurde 49 Mal zwangsernährt. Am 4. Juni 1913 besucht Emily das Derby in Epsom und wirft sich vor Anmer, das Pferd von König George V. Sie wird ins Epsom Cottage Hospital gebracht, kommt aber nicht mehr zu Bewusstsein und stirbt am 8. Juni 1913 an einem Schädelbasisbruch in Folge des Zusammenpralls mit dem Rennpferd. Am 14. Juni wird Emily in einer Prozession von 5.000 weißgekleideten Frauen vor 50.000 Zuschauern am Straßenrand zu St. George in Bloomsbury und dann zum Bahnhof für die letzte Reise nach Newcastle begleitet. In Morpeth wird sie am nächsten Tag beerdigt.

*Auf ihrem Grabstein liest man: „Deeds not Words“.*

# Virginia Woolf

Schriftstellerin, Verlegerin und Wegbereiterin für die Frauenbewegung; geb. am 25.1.1882 in London, gest. am 28.3.1941 in der Ouse bei Lewes

Adeline Virginia Stephen wurde in jeweils zweiter Ehe ihrer Eltern Sir Leslie Stephen und der verwitweten Julia Duckworth am 25. Januar 1882 in Kensington geboren. Aus dieser Ehe stammen 4 Kinder: Vanessa, Thoby, Virginia und Adrian; zu ihrer Schwester Vanessa, die Künstlerin werden sollte, hatte Virginia zeitlebens ein ausgesprochen gutes Verhältnis.

Wie in spätviktorianischen Haushalten üblich, gingen die Jungen zur Schule und Universität, die Mädchen wurden zuhause erzogen. Erst nach dem Tod der Mutter sollte Virginia ans King's College, London gehen dürfen.

Virginia, die erst mit drei Jahren zu sprechen begann, hatte Glück bei ihrem Interesse an Literatur; in der Bibliothek ihres Vaters fand sie alles, was sie als junges Mädchen brauchte. Jeden Sommer fuhr die Familie nach Talland House, St. Ives. Dann starb 1895 Virginias Mutter, Virginia war damals dreizehn. Virginia erkrankte zum ersten Mal an, was sich später als manisch-depressive Erkrankung herausstellen wird. 1904 starb ihr Vater, Virginia erkrankte abermals.

Nach dem Tod der Eltern zogen Virginia und Adrian nach Bloomsbury an den Gordon Square. Durch die Cambridger Studienbekanntschaften ihrer Brüder Thoby und Adrian versammelten sich dort Künstler und Schriftsteller wie Roger Fry, Lytton Strachey, Clive Bell, John Maynard Keynes und Leonard Woolf. Vanessa heiratete 1907 Clive Bell, Virginia 1912 Leonard Woolf. Die Ehe sollte eine sehr glückliche werden, nur getrübt durch Virginias Krankheitsphasen, insbesondere derjenigen, in denen sie es gar ablehnte, Leonard zu sehen.

Virginia begann früh zu schreiben. Godrevy Lighthouse in St. Ives inspirierte sie zu ihrem ersten Roman „To the Lighthouse", der 1915 erschien. In der Anfangszeit ihrer Karriere als Schriftstellerin sollte sie aber nicht ihr Geld mit dem Schreiben von Romanen verdienen, sondern mit Rezensionen.

1917 gründeten Virginia und Leonard Woolf die Hogarth Press, die nicht nur einen Teil ihrer eigenen Werke veröffentlichte, sondern auch viele andere berühmte und weniger berühmte Schriftsteller, wie zum Beispiel T.S. Eliot, Vita Sackville-West oder Sigmund Freud. Mit der Veröffentlichung von „A Room of One's Own" übte Virginia Kritik an der patriarchalischen Gesellschaft und machte sich stark für die Rechte der Frauen.

Virginia Woolf war ein sehr fleißiger Mensch, sie arbeitete sehr viel und pausierte nur, wenn sie krank war. Oft überarbeitete sie ihre Manuskripte vielfach und fieberte Leonards Urteil entgegen. Das Warten darauf, wie ihre Bücher aufgenommen wurden, brachte sie jedes Mal an den Rand eines Zusammenbruchs.

Virginia Woolf hinterlässt ein großes literarisches Werk, Romane, *non-fiction*, Biographien, Kurzgeschichten, und vieles mehr.

Sie starb am 28. März 1941 im Fluss Ouse.

Sie hatte sich Steine in die Manteltasche gesteckt, um zu ertrinken.

# Agatha Mary Clarissa Christie (Lady Mallowan)

Schriftstellerin;
geb. am 15.9.1890 in Torquay, gest. am 12.1.1976 in Wallingford

Agatha Miller wurde am 15. September 1890 in Torquay, Devon, geboren. Sie war das dritte und jüngste Kind des Amerikaners Frederick Alvah Miller und seiner Frau Clarissa. Frederick Miller starb 1901, als Agatha erst 11 Jahre alt war. Agatha besuchte nie eine Schule, stattdessen wurde sie von ihrer Mutter und Hauslehrern unterrichtet. Mit fünf Jahren hatte sie sich das Lesen selbst beigebracht. Mit Beginn des ersten Weltkriegs musste Agatha ihr Musikstudium in Paris aufgeben und arbeitete dann als freiwillige Schwesternhelferin. 1914 heiratete Agatha den Offizier Archibald Christie, am 5. August 1919 kam Tochter Rosalind zur Welt. Im Jahr 1920 erschien Agathas erster Kriminalroman mit dem belgischen Detektiv Hercule Poirot, „The Mysterious Affair at Styles". Berühmt wurde sie erst mit dem 1926 veröffentlichten „The Murder of Roger Ackroyd". 1926 starb ihre Mutter Clarissa, 1928 wurde ihre Ehe mit Archibald geschieden, der ihr bereits 1926 eine Affäre mit einer Golfpartnerin gestanden hatte. In der Folge verließ sie ihr Haus und wurde erst 10 Tage später in einem Hotel in Harrogate aufgefunden. 1928 fuhr Agatha mit dem Orientexpress nach Bagdad. Von dort aus reiste sie weiter nach Ur, wo sie den Archäologen Woolley bei seinen Ausgrabungen und seine Frau Katharine besuchte. Im Frühjahr 1930 kehrt Agatha auf Einladung der Woolleys zurück nach Ur. Dort lernt sie Woolleys Assistenten Max Mallowan kennen, sie verlieben sich und heiraten am 11. September 1930 in Edinburgh. Max Mallowan ist 14 Jahre jünger als Agatha. 1930 führte Agatha in dem Kriminalroman „The Murder at the Vicarage" ihre neue Detektivin Miss Marple ein. In den folgenden Jahren verbrachte Agatha meistens einige Monate im Jahr bei Max' Ausgrabungen in Ur, Ninive und Tell Arpachiyak im heutigen Irak, dann in Syrien, in Changar Bazar und Tell Brak, sowie ab 1949 in Nimrud, Irak.

Sie hilft ihm gelegentlich bei der Restaurierung prähistorischer Keramiken und bei der fotografischen Dokumentation der Funde. Viel dort Erlebtes geht in ihre Kriminalromane ein. Insgesamt schrieb sie 66 Kriminalromane, Romane, Erzählungen, Kurzgeschichten und Bühnenstücke. Ihre „Mousetrap“ wird seit 1952 bis heute in London ohne Unterbrechung aufgeführt. Es wird geschätzt, dass Agatha Christie ungefähr 2 Milliarden Bücher in circa 100 Sprachen verkauft hat. Viele wurden verfilmt. Miss Marple und Hercule Poirot erfreuten sich einer großen Bekanntheit. 1971 wurde Agatha von der Queen geadelt und zur „Dame of the British Empire“ ernannt. Sie stirbt am 12. Januar 1976 im Alter von 85 Jahren in Wallingford, Oxfordshire.

*Agatha Cristie war* ***die*** *Queen of Crime.*

# Daphne du Maurier (Lady Browning)

Schriftstellerin;
geb. am 13.5.1907 in London, gest. am 19.4.1989 bei Par, Cornwall

So richtig berühmt wurde Daphne du Maurier durch die Hitchcockverfilmungen ihrer Romane „Rebecca“ und „Jamaica Inn“ sowie der Kurzgeschichte „Die Vögel“.

Daphne war die Tochter des Schauspielers Sir Gerald du Maurier und seiner Frau Muriel Beaumont. Sie wurde in London geboren, als mittlere von drei Töchtern. 1916 zog die Familie in ein großes Haus, Cannon Hall, in Hampstead. In der Schule Oak Hill Park, die Daphne zusammen mit ihrer Schwester Angela besuchte, war zwar Angela die bessere, aber Daphne tat sich beim Aufsatzschreiben hervor. Dann wurden die Mädchen zuhause unterrichtet. Mit 12 fing Daphne zu schreiben an, zunächst ein Tagebuch. Dann ging sie in Frankreich, in Fleury in der Villa Camposenea zur Schule, wo sie sich mit ihrer Lehrerin und Schulleiterin, Mademoiselle Fernande Yvon, anfreundete. Im September 1926 fuhr sie mit ihrer Mutter und den Schwestern nach Cornwall, um sich Häuser anzusehen. Sie fanden das Cottage Ferryside gegenüber des Städtchens Polruan am Fluss Fowey. Dort sollte Daphne viel Zeit verbringen, dort schrieb sie auch mit 22 ihren ersten Roman „The Loving Spirit“. Und dort lernte sie auch ihren Mann, Major Browning, kennen. Sie heirateten 1932 und bekamen drei Kinder. Mit sechsunddreißig Jahren, im Sommer 1943, – Daphne war schon eine wohlhabende Frau, die Tantiemen flossen auf ihr Konto – konnte sie ihr Traumhaus Menabilly in Cornwall für sich und ihre Familie mieten. Sie sollte fast 25 Jahre darin wohnen bleiben. Kaufen konnte sie es nicht. Das Haus sollte ihre große Leidenschaft werden. „The House on the Strand“ war Daphne's letzter Roman, den sie in Menabilly schrieb. Dann zog sie um nach Kilmarth. Sie hatte mehr als 25 Bücher geschrieben. Mit 81 wollte sie nicht mehr, sie aß nichts mehr. Daphne du Maurier starb am 19. April 1989 in ihrem Haus Kilmarth bei Par.

*I can't say I really like people, perhaps that's why I always preferred to create my own.*
*Daphne du Maurier*

# Rosamunde Pilcher

Schriftstellerin;
geb. am 22.9.1924 in Lelant, Cornwall, gest. am 6.2.2019 in Longforgan

Rosamunde Pilcher, geborene Scott, wurde am 22. September 1924 in Lelant geboren, als Tochter des Royal Navy Offiziers Charles Scott und seiner Ehefrau Helen. Der Vater war in Burma stationiert, die Mutter lebte mit ihren beiden Töchtern Rosamunde und der fünf Jahre älteren Schwester Lalage in einem Cottage in Lelant. Cornwall war für die Kinder das Paradies. Rosamunde besuchte die Schule St. Clare in Penzance und Howell's School in Llandaff, Wales, dann absolvierte sie eine Sekretärinnenausbildung am Miss Kerr-Sanders' Secretarial College London, das während der Kriegsjahre nach Gloucestershire verlegt war.

Mit ungefähr sieben Jahren fing sie an zu schreiben, mit fünfzehn schrieb sie ihre erste Erzählung, mit achtzehn veröffentlichte sie ihre erste Kurzgeschichte.

Rosamunde arbeitete zunächst in Woburn Abbey in Bedfordshire als Sekretärin im Außenministerium, ließ sich dann nach wenigen Monaten zum „Women's Royal Naval Service" versetzen und wurde dann nach einigen Monaten Ausbildung nach Ceylon geschickt.

Im Jahr 1946 lernte Rosamunde in St. Ives Graham Pilcher kennen, der sich dort von einer schweren Kriegsverletzung erholte. Sie heirateten am 7. Dezember 1946 in Lelant und zogen nach Longforgan bei Dundee, Schottland, wo Graham eine Jutefabrik leitete. Das Ehepaar hat vier Kinder, Robin, Mark, Fiona und Philippa. Am Küchentisch schrieb Rosamunde ihre Romane und Kurzgeschichten, zunächst unter dem Pseudonym Jane Fraser, ab 1965 dann unter R. Pilcher. Einen richtigen Durchbruch erlebte Rosamunde erst spät, 1987, mit „The Shell Seekers". Mit 87 Jahren im Jahr 2012 hörte Rosamunde mit dem Schreiben auf. Sie hatte über 100 Romane und Erzählungen geschrieben.

Rosamunde Pilcher starb am 6. Februar 2019 in Longforgan.

Sie hat die Welt für ihre Leser ein bisschen schöner gemacht.

# Princess Diana
# (Lady Diana Frances Spencer)

Princess of Wales;
geb. am 1.7.1961 in Sandringham, gest. am 31.8.1997 in Paris

Sie war die meistphotographierteste Prinzessin des ausgehenden 20. Jahrhunderts. Lady Diana Spencer war die Tochter des 8. Earl Spencer und seiner Frau Frances. Sie wurde am 1. Juli 1961 auf Gut Sandringham geboren. Die Eltern ließen sich scheiden, als Diana 7 Jahre alt war. Da war die Ehe der Eltern schon mehrere Jahre zerrüttet. Auch Diana war eine Enttäuschung, der Vater wartete sehnlichst auf einen männlichen Nachkommen. 1964 kam dann endlich Bruder Charles zur Welt.

Zunächst wurde Diana von einer Gouvernante unterrichtet, dann durchlief sie mehrere Schulen, Riddlesworth Hall, West Heath und das Institut Alpin Videmanette, ohne Mittlere Reife.

Von 1978 an arbeitete sie in verschiedenen Jobs, unter anderem als Babysitterin und später als Kindergärtnerin. Am 6. Februar 1981 machte ihr Prinz Charles einen Heiratsantrag, am 24. Februar wurde die offizielle Verlobung bekannt gegeben. Die Presse fragte sie, ob sie verliebt seien, darauf antwortete der Prinz, „was immer Liebe bedeutet" und sie sagte schüchtern „ja". Schon da war klar, verliebt war Prinz Charles in eine andere.

Am 29. Juli 1981 fand die Hochzeit in der St. Paul's Cathedral statt. Am 21. Juni 1982 wurde Thronfolger Prinz William geboren. Zwei Jahre später kam am 15. September Prinz Harry auf die Welt, eine Enttäuschung für den Vater, der sich ein Mädchen gewünscht hatte.

Viele Jahre wahrte Prinzessin Diana den schönen Schein, sah hübsch aus, trug wundervolle Kleider und Schmuck und repräsentierte. Darüberhinaus zeigte sie eine sehr warmherzige, mitfühlende Art bei ihren karitativen Besuchen. Dies trug ihr den Titel „Königin der Herzen" ein.

Dabei litt sie zeitweilig an Bulimie und unternahm einige Selbstmordversuche.

Am 9. Dezember 1992 verkündete John Major die offizielle Trennung von Prinz Charles und Prinzessin Diana. Am 28. August 1996 wurde die Ehe geschieden. 1997 war Prinzessin Diana mit ihrem Freund Dodi Al-Fayed auf Reisen. In der Nacht vom 30. auf den 31. August raste ihr Auto auf einen Pfeiler der Alma-Unterführung in Paris. Diana starb im Krankenhaus Pitié-Salpetrière. Die Queen und ihre Familie war zu dieser Zeit in Balmoral in Schottland. Erst für den 6. September wurde ein Trauerzug und eine Trauerfeier in der Westminster Abbey anberaumt. In London legten die Menschen Blumen nieder, ein Blumenmeer, und 2,5 Milliarden Menschen weltweit verfolgten die Trauerfeier am Fernsehbildschirm. Was für eine Tragödie! Was für ein Leben!

Die Prinzessin, die sich die Medien in ihrem Rosenkrieg mit Prinz Charles zu eigen gemacht hatte, wurde zuletzt von diesen Medienvertretern in den Tod gehetzt.

*If Diana had been living in medieval times, she would have been beheaded.*
*Dickie Arbiter, former Press Officer to the Queen*
*(In: Andrew Morton, Diana: her true story – in her own words)*

## Hildegard von Bingen

Heilige, Kirchenlehrerin, Mystikerin und Universalgelehrte; geb. im Sommer 1098 vermutlich in Bermersheim, gest. am 17.9.1179 im Kloster Rupertsberg bei Bingen

Hildegard kam als letztes von 10 Kindern von Hildebert und Mechthild von Bermersheim im Jahr 1098 auf die Welt. Schon mit drei Jahren hat sie Visionen. Da ihr als zehntes Kind ein Leben im Kloster vorbestimmt war, brachten die Eltern sie mit 8 Jahren zu Jutta von Sponheim in die Frauenklause des Benediktinerklosters auf dem Disibodenberg. Sie erzog Hildegard in Demut und Herzensreinheit, unterwies sie in den Gesängen Davids und lehrte sie das Singen der Psalmen. Hildegard nutzte jede freie Minute, um zu lernen und erwarb sich so ein umfangreiches Wissen. Ausgiebig studiert sie die Schriften des Alten und Neuen Testaments. Mit ungefähr 15 Jahren legte sie ihre Profess vor Bischof Otto von Bamberg ab. Als Jutta von Sponheim 1136 stirbt, folgt ihr Hildegard als Magistra. Mehrfach kommt es zu Auseinandersetzungen mit Abt Kuno vom Disibodenberg. Die Gründe dafür waren Hildegards Lockerung der Askese, die Änderungen der Speisebestimmungen und die Kürzung der langen Gebets- und Gottesdienstzeiten. Außerdem verlangte Hildegard von Abt Kuno, da die Frauenklause stetigen Zulauf von Novizinnen bekam, ein eigenes Kloster gründen zu dürfen, was er strikt ablehnte. Das Kloster auf dem Disibodenberg war längst abhängig von Hildegards Popularität und dem damit einhergehenden Wohlstand.

Die Heftigkeit der Visionen, die Hildegard wie Lichtblitze durchfuhren, verschweigt sie fast 30 Jahre lang. Ab 1141 schreibt sie ihre Visionen auf.

Dann bittet Hildegard Bernhard von Clairvaux um Hilfe, der ihr rät, ihre Visionen als göttliche Gabe zu betrachten und sie nicht länger zu verheimlichen. Über 6 Jahre arbeitet sie an ihrem Buch „Liber Scivias Domini“, für das sie von Papst Eugen III. auf der Synode von Trier im Jahr 1147 die Erlaubnis bekam, es zu veröffentlichen. Auch bestätigte ihr Papst Eugen III. den visionären Charakter der „Scivias“ und erteilte ihr in Christi und des Heiligen Petrus Namen die Erlaubnis, alles, was immer sie im Heiligen Geist erkenne, kundzutun, und munterte sie zum Schreiben auf. Öffentlich las Papst Eugen III. auf der Synode in Trier vor einem Auditorium von Kardinälen, Bischöfen und Würdenträgern aus „Scivias“ vor. Hildegards Visionen hatten nichts mit mystischer Schwärmerei gemeinsam und waren auch nicht in Ekstase, sondern bei der Kontemplation, entstanden.

Durch die Unterstützung des Papstes kommt sie nun auch ihrem Ziel eines eigenen Klosters näher. Zwischen 1147 und 1150 gründete Hildegard das Kloster Rupertsberg, in das die Schwesterngemeinschaft im Jahr 1151 umzog. Ihr Plan war es, das Kloster dem Erzbischof von Mainz zu unterstellen.

Ab 1148 verfasste Hildegard weitere theologische Werke: „Liber Vitae meritorum“ und „Liber divinorum operum“, sowie Kirchenlieder („Carmina“), die Naturkunde „Physica“ und die Heilkunde „Causae et Curae“ und pflegte einen regen Briefwechsel sowohl mit dem Klerus, als auch mit Laien. Sie arbeitete als Äbtissin, Visionärin, Kirchenpolitikerin, als Dichterin und Komponistin, sowie als Naturwissenschaftlerin und Ärztin oder Apothekerin. Die Arbeit im Kräutergarten gefiel ihr. Zum Kloster Rupertsberg zogen Scharen an Hilfesuchenden, um um Rat bei der Äbtissin Hildegard zu bitten.

Zweimal trifft Hildegard auf Kaiser Friedrich Barbarossa, einmal in Ingelheim, und dann beim kaiserlichen Hoftag in Mainz. Der Inhalt der vertraulichen Gespräche ist unbekannt. Hildegard erhält am 18. April 1163 die kaiserliche Schutzurkunde für ihr Kloster Rupertsberg.

Ferner unternahm Hildegard Reisen, um auf Marktplätzen oder in sakralen Bauten, wie Kirchen und anderen Klöstern, zu sprechen.

Da die Zahl der Nonnen im Kloster Rupertsberg stetig zunahm, erwarb Hildegard das verwaiste Augustinerkloster in Eibingen und gründete dort ein weiteres Kloster, das sie seit 1165 leitete.

Hildegard von Bingen stirbt mit 81 Jahren am 17. September 1179 im Kloster Rupertsberg.

*Diese Frau, die ein so umfangreiches Wissen in Theologie, in Philosophie, in Musik und den Naturwissenschaften besaß, war über drei Jahrzehnte hin das Staunen und die Freude des Abendlandes. In einem Jahrhundert, das nichts von Frauenemanzipation wusste, war sie die Beraterin von Kaisern, Päpsten und Fürsten, die Partnerin von Bischöfen, Philosophen und Wissenschaftlern.(...)*
*Hildegard von Bingen besaß das Geheimnis, die Freundschaft und das Vertrauen der Menschen zu gewinnen, denn sie war frei von Pose, was sie auch tat.(...) Dabei war sie insgeheim niemals ganz frei von Zweifeln und Ängsten, das macht sie so menschlich.*
*Karl Rolf Seufert, Hildegard von Bingen (In: G.Popp, Große Frauen der Welt)*

# Maria Sibylla Merian

Naturforscherin und Künstlerin;
geb. am 2.4.1647 in Frankfurt am Main, gest. am 13.1.1717 in Amsterdam

Maria Sibylla Merian wurde am 2. April 1647 in Frankfurt als Tochter von Matthäus Merian dem Älteren und seiner Frau Johanna Sibylla geboren. Ihr Vater Matthäus war ein berühmter Kupferstecher und Verleger. Er starb, als Maria Sibylla drei Jahre alt war. Ein Jahr später heiratet ihre Mutter den Maler Jacob Marrel, der die künstlerisch begabte Maria Sibylla selbst unterrichtet oder von Abraham Mignon unterrichten lässt. Bereits mit 11 Jahren fertigt sie ihre ersten Kupferstiche. Auch entwickelte sie früh ihren eigenen Malstil, sie ergänzte ihre Blumenbilder mit kleinen Insekten, Raupen, Schmetterlingen und Käfern. Sie begann, Raupen zu sammeln und war fasziniert von deren Verwandlung. Die Metamorphose der Schmetterlinge hielt sie in ihrem Skizzenbuch fest. Maria Sibylla beobachtete die Insekten nicht nur aus naturwissenschaftlichem Interesse, sondern blickte auch mit religiöser Ehrfurcht auf die Wunder der Schöpfung.

Am 16. Mai 1665 heiratete Maria Sibylla den Maler Johann Albrecht Graff, einen Gesellen ihres Stiefvaters. 1667 kommt Tochter Johanna Helena zur Welt.

Die Familie zieht nach Nürnberg, wo Johann Graff eine Kunsthandlung eröffnete. Maria Sibylla betätigte sich erfolgreich als Farbhändlerin, unterrichtete junge Frauen in der Kunst der Blumenmalerei und –stickerei. Sie veröffentlichte ab 1675 ihr „Neues Blumenbuch“ in drei Bänden und „Der Raupen wunderbare Verwandlung und sonderbare Blumennahrung“, ebenfalls in drei Bänden von 1679 bis 1683. 1678 kam ihre zweite Tochter Dorothea Maria zur Welt. Im Jahr 1681 verließ Maria Sibylla ihren Mann, nahm wieder ihren Mädchennamen an und kehrte mit den beiden Töchtern zurück zu ihrer Mutter nach Frankfurt.

1685 ging Maria Sibylla mit ihrer Mutter und den beiden Töchtern nach Holland ins Schloss Walta-State, wo ihr Stiefbruder Caspar lebte. Es gehörte den drei Schwestern des Gouverneurs von Surinam. Sie hatten das Schloss den Labadisten zur Verfügung gestellt. Nach dem

Tod der Mutter im Jahr 1691 siedelte Maria Sibylla mit ihren Töchtern nach Amsterdam über. Dort machte sie auch die Bekanntschaft mit dem Leiter des Botanischen Gartens, Caspar Commelin, und einflussreichen Bürgern der Stadt.

Von 1699 bis 1701 unternahm Maria Sibylla mit ihrer Tochter Dorothea Maria eine Studienreise nach Surinam, wo sie von der Hauptstadt Paramaribo und der Labadistengemeinde Providentia aus Exkursionen in den Urwald unternahmen. Sie beobachteten, sammelten und zeichneten Insekten und Pflanzen. Als Maria Sibylla schwer an Malaria erkrankt, reisen sie zurück nach Amsterdam.

Im Stadthaus in Amsterdam werden die Tier- und Pflanzenpräparate aus Surinam ausgestellt und erfreuen sich eines großen Interesses. Maria Sibylla beginnt sogleich mit dem Schreiben und Illustrieren ihrer „Metamorphosis insectorum Surinamensium“. Da sie von den Erträgen ihrer Bücher nicht leben kann, gibt sie zusätzlich Malunterricht, handelt mit Malutensilien und verkauft Tier- und Pflanzenpräparate aus ihrer Sammlung. Mit 67 Jahren erlitt sie einen Schlaganfall und starb am 13. Januar 1717 69-jährig in Amsterdam. Sie wurde in einem Armengrab bestattet.

*Ihre Einteilung der Schmetterlinge in Tag- und Nachtfalter ist bis heute valide.*
*Die Metamorphose dieser Tiere war vor Maria Sibylla Merian weitgehend unbekannt. Ihre künstlerische Arbeit wurde im 20. Jahrhundert wiederentdeckt.*

# Dorothea Erxleben

Erste promovierte deutsche Ärztin;
geb. am 13.11.1715 in Quedlinburg, gest. am 13.6.1762 in Quedlinburg

Dorothea Christiane Leporin wurde am 13. November 1715 in Quedlinburg geboren. Sie hatte noch einen jüngeren Bruder, Christian Polykarp jr. Ihr Vater, Christian Polykarp senior war Arzt, die Mutter Anna Sophia war die Tochter des Konsistorialrats Meinecke. Dorothea bekam Lateinunterricht, ihr Vater unterrichtete beide Kinder in Naturwisschenschaften und Medizin. Als Dorothea 16 Jahre alt war, nahm sie ihr Vater zu den Patienten mit. Doch im Gegensatz zu ihrem Bruder durfte Dorothea nicht Medizin studieren. So wandte sie sich an König Friedrich II. von Preußen, der ihr im Jahr 1741 eine Zulassung zur Promotion an der Universität Halle ermöglichte.

Doch zunächst heiratete Dorothea den verwitweten Pfarrer Johann Erxleben, der fünf kleine Kinder mit in die Ehe brachte.

1747 stirbt Dorotheas Vater und sie übernimmt seine Praxis. Immer wieder wird Dorothea von anderen Ärzten angefeindet und der Pfuscherei bezichtigt. Nach der Geburt ihres vierten Kindes entschließt sich Dorothea nun zur Promotion und zur Annahme des königlichen Privilegs. Im Januar 1754 reicht sie ihre Dissertation ein, am 6. Mai 1754 folgt das Rigorosum, das sie mit Erfolg besteht. Am 12. Juni wird sie „Doktor der Arzeneygelahrtheit" und legt ihren Eid ab. Jetzt konnte sie die Arztkollegen, die sie lange genug als Pfuscherin beschimpft hatten, in die Schranken weisen. 1755 erschien ihre Doktorarbeit, die sie aus dem Lateinischen ins Deutsche übersetzt hatte, unter dem Titel „Academische Abhandlung von der gar zu geschwinden und angenehmen, aber deswegen öfters unsichern Heilung der Krankheiten". 1759 stirbt Johann Erxleben. Sie selbst leidet an Brustkrebs und stirbt am 13. Juni 1762 mit nur 46 Jahren.

# Caroline Lucretia Herschel

Astronomin; geb. am 16.3.1750 in Hannover, gest. am 9.1.1848 in Hannover

Caroline Herschel war die einzige überlebende Tochter des Militärmusikers Isaak Herschel und seiner Frau Anna Ilse. Sie kam am 16. März 1750 in Hannover zur Welt. Caroline besuchte zusammen mit ihren vier Brüdern die Garnisonsschule. Zuhause erhielt sie vom Vater eine musikalische Ausbildung. Auch wurde sie schon früh in die Philososphie und die Astronomie eingeführt.

So erinnerte sich Caroline später, wie der Vater sie in einer kalten Nacht auf die Straße führte, um sie mit einigen der schönsten Sternbildern bekannt zu machen, nachdem sie zuvor einen Kometen, der eben sichtbar war, beobachtet hatten.

Im Jahr 1772 folgte Caroline ihrem Bruder Friedrich Wilhelm nach Bath in England. Friedrich Wilhelm Herschel hatte sich in Bath als Organist und Konzertleiter etabliert. Caroline wurde seine Haushälterin und wirkte als Solistin bei seinen Konzerten mit.

1776 hatte Friedrich Wilhelm sein erstes Spiegelteleskop gebaut. Meistens half ihm Caroline, die Spiegel zu schleifen und zu polieren. Auch befasste sich Caroline mit der astronomischen Theorie. Sie lernte die Grundlagen für das Beobachten und Durchmustern des Himmels, ebenso wie mathematische Formeln für Berechnungen. Am 13. März 1781 entdeckte Friedrich Wilhelm einen neuen Planeten, Uranus. Das brachte ihm die Stellung in Slough als Astronom von König George III. ein. Caroline folgte ihrem Bruder als seine Assistentin, ebenfalls auf eine bezahlte Stelle. Zwischen 1786 und 1797 entdeckte sie mit dem Newtonschen Kometensucher acht Kometen. Sie fertigte einen Katalog für Sternhaufen und Nebelflecke an und erstellte einen Ergänzungskatalog zu John Flamsteeds „Atlas coelestis“. Darin hatte Caroline 561 Sterne neu aufgenommen. Caroline korrespondierte mit Carl Friedrich Gauß und Johann Franz Encke. Auch bekam sie und ihr Bruder in Slough „hohen“ Besuch von Großfürst Michael von Russland, Niccolo Paganini und Joseph Haydn, die sich von Caroline den nächtlichen Sternenhimmel zeigen ließen.

1822 starb Friedrich Wilhelm, und so ging Caroline zurück nach Hannover. Von König George III. bekam sie eine Pension, so dass sie ihre astronomischen Studien weiterführen und die Papiere ihres Bruders ordnen konnte. 1828 erstellte sie einen Katalog über alle gemeinsam entdeckten Sternengruppen und Nebel. Das brachte ihr die Goldmedaille der Royal Astronomical Society ein, 1835 wurde sie Ehrenmitglied. 1846 erhielt sie die goldene Medaille der Preußischen Akademie der Wissenschaften. Caroline Herschel stirbt am 9. Januar 1848 mit fast 98 Jahren.

# Fanny Hensel

Komponistin und Pianistin;
geb. am 14.11.1805 in Hamburg, gest. am 14.5.1847 in Berlin

Fanny Zippora Mendelssohn wurde am 14. November 1805 als ältestes Kind von Abraham und seiner Frau Lea Mendelssohn in Hamburg geboren. Fannys Großvater war der Philosoph Moses Mendelssohn, ihr Vater Abraham war Bankier. 1809 folgt Felix, 1811 Rebecca und 1812 wird Paul geboren. Im Jahr 1811 zieht die Famile nach Berlin um. Fanny erhält ihren ersten Klavierunterricht bei ihrer Mutter und bei Franz Lauska.

Im März 1816 lassen die Eltern ihre Kinder evangelisch taufen. Daraufhin heißt Fanny nun Fanny Cäcilie Mendelssohn-Bartholdy. Im Jahr 1822 konvertieren auch Vater Abraham und seine Frau Lea zum Christentum.

Ab 1819 werden die beiden musikalischen Wunderkinder Fanny und Felix von Carl Friedrich Zelter, dem damaligen Leiter der Berliner Singakademie, in Klavier und Tonsatz, sowie in Musiktheorie unterrichtet. In Paris werden sie von Marie Bigot de Morogues unterrichtet, dann von Ludwig Berger und Ignaz Moscheles. Fanny komponierte überwiegend Klavierstücke und Lieder, die sich in einem häuslichen Rahmen aufführen ließen. Dies war dem Verbot ihres Vaters geschuldet, aus der Musik einen Broterwerb zu machen.

Im Jahr 1823 begannen bei der Familie Mendelssohn im Gartensaal die Sonntagsmusiken mit Musikern der Hofkapelle, bei denen auch Stücke von Fanny und Felix aufgeführt wurden. Unter den bis zu 300 Gästen befanden sich neben Verwandten und Bekannten auch Musiker wie die Schumanns, Franz Liszt, die Komponistin Johanna Kinkel, Mitglieder der Berliner Gesellschaft und durchreisende Künstler, wie zum Beispiel Wilhelm von Humboldt, Georg Wilhelm Friedrich Hegel oder Heinrich Heine.

Am 3. Oktober 1829 heiratete Fanny den berühmten Hofmaler an der Akademie der Künste, Wilhelm Hensel. Ein Jahr später wird Sohn Sebastian geboren.

Wilhelm Hensel fördert Fannys kompositorische Begabung.

1831 geht Felix auf die Grand Tour, eine zweijährige Bildungsreise, so dass Fanny die alleinige Leitung der Sonntagskonzerte übernahm. Sie trat dort auch als Pianistin in Klavierkonzerten und Stücken ihres Bruders auf und übernahm die Chor- und Orchesterleitung. Gemeinsam mit befreundeten Musikern wurden auch Oratorien, Opernarien und Kammermusik aufgeführt. Die Leitung dieser Konzerte wirkte sich sehr positiv auf Fannys Arbeit als Komponistin aus. So komponierte sie ab 1831 größere Werke für Solisten, Chor und Orchester.

Auf ihrer einjährigen Italienreise ab August 1839 macht sie die Bekanntschaft mit Charles Gounod, den sie mit dem Vortrag einiger Werke von Bach und Beethoven stark beeindruckte. Von verschiedenen Musikern findet sie in Italien Anerkennung für ihre Musik. 1841, zurück in Berlin, komponiert Fanny den Klavierzyklus „Das Jahr".

In ihrem letzten Lebensjahr fand Fanny den Mut, gegen den Willen ihres verstorbenen Vaters und ihres Bruders einige ihrer Stücke zu veröffentlichen. So erscheinen im Jahr 1846 diverse Lieder, op.1-3 und 6-7 und Melodien fürs Klavier, op.4-5.

Dies ist nur ein winziger Bruchteil dessen, was Fanny zeitlebens komponiert hatte: ungefähr 250 Lieder, insgesamt 470 eigene Werke.

Am 14. Mai 1847 verstirbt sie 41-jährig an den Folgen eines Schlaganfalls.

# Clara Schumann

Pianistin und Komponistin;
geb. am 13.9.1819 in Leipzig, gest. am 20.5.1896 in Frankfurt am Main

Clara Josephine Wieck wurde am 13. September 1819 in Leipzig geboren. Ihr Vater war der Theologe und Musikpädagoge Friedrich Wieck, ihre Mutter Mariane, geborene Tromlitz, war Pianistin und Sängerin. Ab 1818 war Friedrich Wieck Inhaber einer Klavierfabrik und eines Musikalienleihinstituts.

Aus der Ehe gingen 5 Kinder hervor. Clara besuchte nur kurz die Grundschule. Der Vater unterrichtete sie ab ihrem fünften Lebensjahr persönlich im Klavierspiel und erkannte früh ihr musikalisches Talent. Bereits mit 9 Jahren gab sie ein Konzert im Gewandhaus in Leipzig. Ebenfalls mit 9 Jahren bekam sie vom Vater einen Hammerflügel. Mit etwa 10 Jahren fing sie an zu komponieren. Mit 12 Jahren unternahm sie mit ihrem Vater eine Konzerttournee, spielte vor Goethe, lernte Niccolo Paganini, Franz Liszt und Frédéric Chopin kennen. Weitere Konzerttourneen folgen. 1838 wird Clara in Wien zur k.u.k. Kammervirtuosin ernannt. Weitere Kompositionen Claras werden veröffentlicht. Am 12. September 1840 heirateten Robert Schumann und Clara Wieck, obwohl Friedrich Wieck eine Verbindung seines ehemaligen Schülers mit seiner Tochter Clara über die Jahre hinweg zu unterbinden versucht hatte. Erst ein Beschluss des Leipziger Gerichts machte die Eheschließung Claras und Roberts möglich. Mit dem Vater sollten sie sich erst im Jahr 1843 wieder versöhnen. Die Ehe von Clara und Robert Schumann ist eine glückliche, ihr entspringen zwischen den Jahren 1841 bis 1854 die Kinder Marie, Elise, Julie, Emil, Ludwig, Ferdinand, Eugenie und Felix. Clara setzt nun wieder ihre Tourneen fort und verdient so den Großteil des Unterhalts für die Familie. 1844 begleitete Robert Clara nach Russland auf Tournee. Dort zeigte sich Roberts Missmut über Claras Erfolg. Andererseits spielte Clara auch Werke ihres Mannes, so dass sie so auch zu Roberts Bekanntheit beitrug. 1850 zog die Familie nach Düsseldorf, nachdem Robert Schumann Ende 1849 dort die Stelle des städtischen Musikdirektors erhalten hatte. Anfang 1854 wird Robert krank und klagt über dauerhafte Töne und Musik in den Ohren, die ihn nicht mehr schlafen lassen.

Verzweifelt stürzt er sich am 27. Februar 1854 in den Rhein. Am 4. März wird er in die Nervenheilanstalt Endenich bei Bonn gebracht, wo er am 29. Juli 1856 verstirbt. Seit 1853 war Clara mit Johannes Brahms befreundet. Es ist anzunehmen, dass die Beziehung eher einseitig war und der jüngere Brahms die ältere Clara liebte. Nach dem Tod ihres Mannes unternahm Clara weiterhin Konzertreisen. Zu ihrem Repertoire gehörten nun Werke von Schumann und Brahms. 1878 bekam sie am Hochschen Konservatorium in Frankfurt am Main die Stelle der „Ersten Klavierlehrerin". Auch betreute sie die Herausgabe von Roberts Werken und einigen seiner Schriftstücke. Am 26. März 1896 erlitt Clara Schumann einen Schlaganfall und starb am 20. Mai 1896 mit 76 Jahren.

# Margarete Steiff

Schneiderin und Gründerin der Firma Steiff;
geb. am 24.7.1847 in Giengen, gest. am 9.5.1909 in Giengen

Margarete Appolonia Steiff wird am 24. Juli 1847 als drittes von vier Kindern des Friedrich Steiff und seiner Frau Maria Margarete in Giengen an der Brenz auf der Ostalb geboren. Mit eineinhalb Jahren erkrankt sie an Kinderlähmung. Die Schule macht ihr Spaß, ihre Leistungen sind überdurchschnittlich. In ihrer Freizeit spielt sie mit anderen Kindern, erfindet Spiele. Sie betreut auch Kinder, während die Mütter bei der Arbeit sind. Im Sommer 1856 lebt sie bei der Familie von Dr. Werner, dem Gründer der Wernerschen Klinik in Ludwigsburg, dann, nach der vergeblichen Operation ihrer Beine, geht sie zur Kur nach Wildbad und kehrt erst im November wieder nach Giengen zurück. Gegen den Willen der Eltern setzt Margarete durch, eine Ausbildung zur Schneiderin zu machen. 1864 absolviert sie die Schule mit Erfolg und ist nun ausgebildete Schneiderin. Mit ihren Schwestern Marie und Pauline macht Margarete Näharbeiten von zuhause aus. Sie kaufen sich eine eigene Nähmaschine. 1874 richtet ihr Vater in seinem Haus ein Zimmer als Schneiderei ein. 1877 gründet Margarete mithilfe von Adolf Glatz, einem angeheirateten Vetter und Filzfabrikanten, ein Filzgeschäft. 1880 entdeckt Margarete Steiff in einer Modezeitschrift ein Modell für einen Filzelefanten und fertigt davon zunächst einige, dann zwei Säcke voll an. Ihr Bruder Fritz verkauft sie auf dem Heidenheimer Markt. Dann wird Margarete gebeten, weitere Tiere zu fertigen, und so entwirft sie einen Hund, eine Katze und ein Schwein. In den Folgejahren kommen Affe, Esel, Pferd, Kamel, Maus, Hase und Giraffe dazu. Die nachgefragten Mengen an Stofftieren steigen und steigen. Margaretes Bruder Fritz erstellt für Margarete ein neues Wohn- und Geschäftshaus in Giengen. 1892 erscheint ein erster illustrierter Katalog. Die Firma wächst und braucht mehr Personal. 1893 sind vier Mitarbeiterinnen und zehn Heimarbeiterinnen bei der im Jahr 1893 eingetragenen Margarete Steiff, Filzspielwarenfabrik Giengen/Brenz beschäftigt. In den Jahren ab 1897 stellt Margarete Fritz' Söhne im Betrieb an. Die Stofftiere werden nun europaweit und nach Amerika verkauft.

1902 entwickelt Magaretes Neffe Richard den Teddybär, Bär 55 PB (55 cm groß, aus Plüsch, beweglich). Auf der Leipziger Messe kauft ein amerikanischer Händler alle 3.000 Stück auf. In den USA wird der Teddybär ein Verkaufsschlager. Von 1903 bis 1907 steigt die Produktionsmenge an Stofftieren auf 1,7 Millionen an. 1903 wird die neue Fabrikhalle fertiggestellt, es arbeiten nun 400 Angestellte und 1.800 Heimarbeiter für das Unternehmen. Franz Steiff kommt die Idee, jedem Steifftier einen Knopf als Markenzeichen ins Ohr zu nieten. Margarete stirbt am 9. Mai 1909 an den Folgen einer Lungenentzündung. Sie hat ein Traditionsunternehmen geschaffen.

*Der Teddy hat seinen Namen von Präsident Theodore Roosevelt, der sich im Jahr 1902 bei einer Jagd weigerte, auf ein wehrloses Bärenbaby zu schießen.*
*Aus Teddy's bear wurde Teddybär.*

# Helene Lange

Pädagogin und Frauenrechtlerin;
geb. am 9.4.1848 in Oldenburg, gest. am 13.5.1930 in Berlin

Helene Lange war die Tochter des Kaufmanns Carl Theodor Lange und seiner Frau Johanne. Im Jahr 1855 stirbt die Mutter, 1864 stirbt der Vater. Helene wird in ein süddeutsches Pfarrhaus gegeben. 1866 geht sie nach Petit Château ins Elsass und unterrichtet deutsche Literatur und Grammatik. Im Gegenzug darf sie an allen Lehrveranstaltungen teilnehmen und beginnt ihr eigenes Studium der Altphilologie, Philosophie, Literaturwissenschaft, Theologie und der Geschichtswissenschaft. Im Jahr 1867 tritt Helene eine Stelle als Erzieherin in Osnabrück an. 1871 zieht sie nach Berlin und legt das Lehrerinnenexamen ab. Es folgen weitere Stellen als Hauslehrerin. 1872 tritt sie dem Verein deutscher Lehrerinnen und Erzieherinnen bei und engagiert sich fortan für die Emanzipation der Mädchen und Frauen durch Bildung. Ab 1874 unterrichtet Helene Sprachen an der Krahmerschen Höheren Mädchenschule in Berlin Lichtenberg, dann ab 1876 an der Crainischen Anstalt in Berlin, einer privaten höheren Mädchenschule mit angeschlossenem Lehrerinnenseminar. Im Jahr 1887 richtet sie eine Petition an das preußische Unterrichtsministerium und das Abgeordnetenhaus, in dem sie einen größeren Einfluss der Lehrerinnen in den öffentlichen höheren Mädchenschulen und eine wissenschaftliche Lehrerinnenausbildung fordert. Die Begleitschrift, die als „Gelbe Broschüre“ bekannt wird, fasst ihre Haltung zur Frauenbildung zusammen. Ziel soll es sein, dass Mädchen von Frauen unterrichtet werden, da diese sich besser in das Wesen der Mädchen einfühlen können.1890 gründet Helene Lange den „Allgemeinen Deutschen Lehrerinnenverein“, ADLV, als Interessenvertretung der weiblichen Unterrichtenden und übernimmt auch die Leitung des Vereins. 1893 gründet sie die Zeitschrift „Die Frau“ und wird im Vorstand des „Allgemeinen Deutschen Frauenvereins“, ADF, tätig. 1894 wird Helene Vorstandsmitglied im „Bund Deutscher Frauenvereine“, BDF, dem Dachverband aller Frauenverbände.

Ab 1898 wohnt Helene Lange mit Gertrud Bäumer zusammen, die die sehbehinderte Helene im Alltag und bei der Arbeit unterstützt. 1906 wird Helene zu Beratungen der preußischen Kultusverwaltung zugezogen. Diese führen 1908 zur preußischen Mädchenschulreform. Im ersten Weltkrieg unterstützt Helene den Nationalen Frauendienst. 1917 zieht sie mit Gertrud Bäumer nach Hamburg. Dort gründet Helene die Soziale Frauenschule. 1919 wird Helene Lange für die Deutsche Demokratische Partei, DDP, in die Hamburger Bürgerschaft gewählt. 1920 ziehen Helene und Gertrud zurück nach Berlin. 1923 erhält sie die Ehrendoktorwürde der Universität Tübingen.

Helene Lange stirbt am 13. Mai 1930 in Berlin.

*Die Zulassung der Frauen zu den höchsten Bildungsanstalten war die Erfüllung innerster geistiger Antriebe der Frauenbewegung, die Aufhebung einer Schranke, deren Bestehen im Grunde mehr Geringschätzung der Frau ausdrückte als manche Rechtsbeschränkung. Es war die Zulassung der Frauen zu der Möglichkeit, ihr geistiges Wesen mit den höchsten Mitteln der Zeit auszuprägen, der Besitz der besseren Methoden, die eigene Lage im sozialen und kulturellen Leben der Nation zu begreifen, die Freiheit, in Berufen geistigen Inhalts den besonderen Beitrag zu dieser Kultur zu leisten, zu dem sich Frauen außerhalb der Familie fähig fühlten. Die Eröffnung der Universitäten bedeutete die Entzündung neuen Lebens in tausenden von jungen durstigen Seelen, bedeutete neue Ziele, zu denen frische Kräfte sich spannen, neue Lebensformen, in denen sie sich entfalten konnten.*
*Helene Lange*

# Anita Augspurg

Juristin, Pazifistin, Aktivistin der Frauenbewegung;
geb. am 22.9.1857 in Verden, gest. am 20.12.1943 in Zürich

Anita Augspurg steht zusammen mit ihrer langjährigen Lebensgefährtin Lida Gustava Heymann für die deutsche Frauenbewegung und für die Internationale Frauenliga für Frieden und Freiheit, die Women's International League for Peace and Freedom (WILPF).

Als jüngste Tochter eines Anwalts arbeitete Anita bis zu ihrer Volljährigkeit in der Kanzlei ihres Vaters, besuchte dann das Lehrerinnenseminar in Berlin, dann widmete sie sich kurz der Malerei und wurde dann Schauspielerin. Danach betrieb sie in München als Fotografin das Hofatelier Elvira. Ab 1893 studierte sie in Zürich Rechtswissenschaften und promovierte über die Entstehung und Praxis der Volksvertretung in England. Somit war sie, 40-jährig, die erste promovierte Juristin Deutschlands, noch vor Rosa Luxemburg. Mit diesen Kompetenzen ausgestattet, brachte sie nun Petitionen ein zum Ehe- und Familienrecht, sowie zu den Rechten der Frau im BGB. Zusammen mit Lida Gustava Heymann engangierte sie sich im Verband Fortschrittlicher Frauenvereine, gründete 1902 den Verband für Frauenstimmrecht und gab die „Zeitschrift für Frauenstimmrecht" und „Die Frau im Staat" (1919-33) heraus. Als Pazifistinnen propagierten Augspurg und Heymann den feministischen Pazifismus gegen den Ersten Weltkrieg und verweigerten sich aller sogenannter humanitärer, in Wahrheit kriegsunterstützender Hilfsdienste. Sie bauten ihre Kontakte zu internationalen Pazifistinnen so aus, damit sie eine internationale Frauenbewegung gegen den Krieg mobilisieren konnten. Sie gehörten zu den Mitbegründerinnen der 1915 in Den Haag stattfindenden Frauenfriedenskonferenz, der Geburtsstunde der WILPF. Frauen aus allen teilnehmenden Ländern nahmen von nun an die Bestrebungen um Frieden in ihre Hände, in einer Zeit, da diplomatisch kein Friede in Aussicht war. Es entstand ein internationales Netzwerk von Friedensfrauen. Auch Emily Hobhouse gehörte dazu. Unermüdlich setzten sich Augspurg und Heymann für Frieden und Völkerverständigung ein. Im Jahr 1933 nach der Machtergreifung hagelte es Repressalien. Augspurg und Heymann mussten ins Schweizer Exil gehen, ihr

Besitz wurde beschlagnahmt. Lida Gustava Heymann starb am 31. Juli, Anita Augspurg am 20. Dezember 1943 in Zürich.

*Lebenskünstlerinnen – Weltbürgerinnen – Friedensfrauen, so sahen sie sich und das waren sie.*

# Elisabet Boehm

Begründerin der Landfrauenbewegung;
geb. am 27.9.1859 in Rastenburg, gest. am 30.5.1943 in Halle/Saale

Elisabet Steppuhn ist die dritte Tochter des Gutsverwalters Hermann Steppuhn und seiner Frau Emilie. Sie kommt am 27. September 1859 auf der Domäne Rastenburg zur Welt. 1862 zieht die Familie auf das Rittergut Liekeim bei Bartenstein. Ab ihrem 10. Lebensjahr erhält Elisabet Unterricht bei wechselnden Gouvernanten und liest alles, was ihr unter die Augen kommt. Ab Oktober 1873 besucht sie in Königsberg für eineinhalb Jahre die Höpfnersche Schule. Mit 15 kehrt sie auf das Gut der Eltern zurück und führt das Leben einer Haustochter. Am 7. August 1880 heiratet sie Otto Boehm, Sohn des wohlhabenden Gutsbesitzers in Glaubitten. Kurz danach zieht das Paar auf das heruntergewirtschaftete Gut Lamgarben bei Rastenburg. Dort erfährt Elisabet, wie unzureichend sie für den Beruf ländlicher Hauswirtschaft ausgebildet ist. Die sich zuspitzende Krise in der deutschen Landwirtschaft trifft nun auch spürbar das Gut Lamgarben, so dass sich Elisabet zunehmend mit agrarpolitischen Themen beschäftigen muss. 1898 gründet Elisabet Boehm den ersten landwirtschaftlichen Hausfrauenverein. Arbeitsschwerpunkte sollen die Vermehrung der Kenntnisse durch gegenseitige Belehrung, Vorträge und Lehrgänge auf allen Gebieten, die die Hausfrauen angehen, die Ausbildung der Töchter und Hilfskräfte, die Hebung der Erzeugung im Gartenbau und in der Geflügelzucht, die Überbrückung der Gegensätze zwischen Stadt und Land und die Anerkennung aller hauswirtschaftlichen Arbeit als Berufsarbeit sein. In den nächsten Jahren folgen weitere Vereinsgründungen in Ost- und Westpreußen. 1913 erfolgte der Zusammenschluss der 6 preußischen Landesverbände Ost- und Westpreußen, Schlesien, Pommern, Posen und Schleswig-Holstein zu einem preußischen Landesverband unter dem Vorsitz von Elisabet Boehm. 1915/6 folgten Braunschweig, Hannover, Sachsen und Württemberg. 1916 wurden dann die Landesverbände im Reichsverein landwirtschaftlicher Hausfrauenvereine zusammengeschlossen. Den Vorsitz hatte Elisabet Boehm. Als sie 1929 als Vorsitzende zurücktrat, hatte sie ihre

Ziele erreicht: eine Ausbildung der Landfrauen, eine geregelte Fortbildung, eine Anerkennung der Bäuerin als Beruf, sowie ein eigenes Einkommen durch die Einrichtung der Verkaufsstellen. Schon 1913 erhielt sie das Frauenverdienstkreuz in Silber, 1929 wurde sie von der Universität Königsberg zur Ehrenbürgerin ernannt. Weitere Auszeichnungen folgten. Am 30. Mai 1943 stirbt Elisabet in Halle, wohin sie 1925 gezogen war.

# Käthe Kollwitz

Grafikerin, Malerin und Bildhauerin;
geb. am 8.7.1867 in Königsberg, gest. am 22.4.1945 in Moritzburg

Käthe Schmidt wurde am 8. Juli 1867 als fünftes Kind von Carl Schmidt und seiner Frau Katharina in Königsberg/ Ostpreußen geboren. Käthe verbrachte ihre Kindheit in Königsberg. Ab 1881/82 wurde sie privat von Rudolf Mauer und Gustav Naujok im Zeichnen unterrichtet. Im Jahr 1885 verlobte sich Käthe mit dem Medizinstudenten Karl Kollwitz. Während des Winterhalbjahres 1886/87 nahm sie Unterricht an der Mal- und Zeichenschule des Berliner Künstlerinnenvereins, unter anderem bei Karl Stauffer-Bern, dem Schweizer Porträtmaler und Radierer. Sie sieht den Radierzyklus „Ein Leben" von Max Klinger und ist beeindruckt. Als sie nach Königsberg zurückkehrt, nimmt sie dort Malunterricht bei Emil Neide. Während der beiden Winterhalbjahre 1888/9 und 1889/90 bekommt sie Malunterricht an der Münchner Künstlerinnenschule bei Ludwig Herterich. 1891 heiratet Käthe Dr. Karl Kollwitz und zieht mit ihm nach Berlin an den Prenzlauer Berg. In seinen Praxisräumen richtet sich Käthe eine Künstlerwerkstatt ein. 1892 kommt Sohn Hans auf die Welt, 1896 Sohn Peter. 1893 beteiligt sich Käthe mit drei Radierungen an der Freien Berliner Kunstausstellung. Nachdem sie Gerhart Hauptmanns „Weber" gesehen hat, beginnt sie die druckgrafische Folge „Ein Weberaufstand". 1898 zeigt sie den „Weberaufstand" auf der Großen Berliner Kunstausstellung. Eine Auszeichnung Käthes mit der goldenen Medaille wird von Kaiser Wilhelm II. abgelehnt und Käthes Kunst von ihm als „Rinnsteinkunst" bezeichnet. Noch im gleichen Jahr erhält sie einen Auftrag von der Berliner Künstlerinnenschule, an der sie Zeichnen und Radieren unterrichten soll. 1899 schließt sich Käthe mit anderen sozialkritischen Künstlern zur Vereinigung der Berliner Secession zusammen. Im Jahr 1904 erlernt sie die Grundlagen plastischen Gestaltens an der Académie Julian in Paris. Dort trifft sie auf Auguste Rodin und Bernhard Hoetger. 1907 erhält sie den Villa Romana Preis und reist für knapp vier Monate nach Florenz und Rom. 1910 beginnt sie mit eigenen plastischen Arbeiten. Am 22. Oktober 1914 fällt ihr Sohn

Peter in Flandern bei Diksmuide. Er hatte sich zum freiwilligen Kriegsdienst gemeldet. Käthe ist erschüttert und wendet sich dem Pazifismus zu. 1917 plant sie eine grafische Folge „Krieg". Zu Ehren ihres 50. Geburtstags finden in ganz Deutschland mehrere Ausstellungen statt, in Berlin im Salon Cassirer. 1919 wird Käthe zum ersten weiblichen Mitglied in die Preußische Akademie der Künste gewählt und wird zur Professorin ernannt. 1920 entstehen ihre ersten Holzschnitte. 1923 und 1924 erscheint ihre Holzschnittfolge „Krieg". 1920 heiratet Käthes Sohn Hans. 1927 reist Käthe mit ihrem Mann in die Sowjetunion. Schon 1926 war Käthe in zwei großen russischen Ausstellungen vertreten. 1928 wird sie zur Vorsteherin eines Meisterateliers für Grafik an der Akademie der Künste ernannt. Am 29. Mai 1929 erhält sie den Orden „Pour le Mérite" der Friendensklasse für Wissenschaften und Künste. 1932 unterzeichen Käthe und ihr Mann Karl neben Albert Einstein, Heinrich Mann, Arnold Zweig und anderen einen Aufruf zur Einigung der Linksparteien gegen die Nationalsozialisten, der im März 1933 noch einmal als dringender Appell wiederholt wurde. 1933 werden Käthe Kollwitz und Heinrich Mann zum freiwilligen Austritt aus der Akademie der Künste bewegt. Auch wird Käthe ihres Lehramtes enthoben. 1934 zeigt sie ein letztes Mal ihre Arbeiten an der Akademie der Künste. In den Folgejahren werden ihr zunehmend die Möglichkeiten zur Veröffentlichung ihrer Arbeiten entzogen, auch wurden ihre Werke aus Ausstellungen entfernt. Am 19. Juli 1940 stirbt Käthes Mann Karl. 1942 fällt ihr Enkel Peter in Russland. 1943 zieht Käthe nach Nordhausen, dann 1944 auf Einladung von Prinz Ernst Heinrich von Sachsen in den Rüdenhof von Schloss Moritzburg.

Sie stirbt am 22. April 1945 77-jährig in Moritzburg, kurz vor Kriegsende.

*Es sind mir drei Dinge wichtig in meinem Leben: dass ich Kinder gehabt habe, dass ich einen solchen treuen Lebenskamerad gehabt habe und meine Arbeit.*
*Käthe Kollwitz*

Käthe Kollwitz, Mütter, Kreidelithographie, 1919.

# Paula Modersohn-Becker

Malerin; geb. am 8.2.1876 in Dresden, gest. am 20.11.1907 in Worpswede

Minna Hermine Paula Becker wurde am 8. Februar 1876 in Dresden geboren und am 17. April zuhause getauft. Sie hatte zwei ältere Geschwister, Kurt und Milly, und drei jüngere, Günther und die Zwillinge Herma und Henner. Der Vater Carl Woldemar Becker war Ingenieur und leitete bereits seit 1872, einunddreißigjährig, als Eisenbahnfachmann für das Königreich Sachsen das Ingenieurbüro Chemnitz I. Die Mutter Mathilde, geborene von Bültzingslöwen, stammte aus altem thüringischen Adel. 1873 geht Woldemar als Bau- und Betriebsinspektor zur Berlin-Dresdner Eisenbahngesellschaft. Die Familie ist weitverzweigt, Paula erlebt eine fröhliche Kindheit inmitten ihrer großen Familie, die erst 1886 durch den tragischen Unfalltod ihrer Cousine Cora getrübt wird. Onkel Oskar, der um zwei Jahre ältere Bruder von Woldemar Becker, der 1861 ein Attentat in Baden-Baden auf den König von Preußen, Wilhelm I., verübt hatte und zu 20 Jahren Zuchthaus verurteilt wurde, blieb ein Tabu in der Familie. Im April 1888 siedelt die Familie Becker nach Bremen über. 1890 wird Woldemar Becker zum königlich-preußischen Baurat ernannt. Paula besucht in Bremen die Janson-Schule, eine private Töchter-Bürgerschule, die sie im April 1892 abschließt. Von April bis Dezember 1892 geht sie zu Tante Marie und Onkel Charles nach England, wo sie auch Malunterricht nimmt. Paulas Eifer und Interesse für die Malerei war längst geweckt. 1895 ist die Bremische Eisenbahn bankrott und Woldemar Becker wird mit 53 Jahren pensioniert. Auf Wunsch der Eltern macht Paula in diesem Jahr ihr Lehrerinnenexamen. Dann geht sie nach Berlin an die Zeichen- und Malschule des Vereins der Berliner Künstlerinnen und Kunstfreundinnen. Ab Herbst 1896 nimmt sie dort an dem anderthalbjährigen Kurs teil, in dem sie eine professionelle Ausbildung zur Malerin erhält. Sie wohnt bei ihrer Tante Cora und Onkel Wulf in Berlin-Schlachtensee. Mutter Mathilde in Bremen vermietet Zimmer unter, um das ermäßigte Schulgeld für Paula aufzubringen. Paula, mittlerweile 21 und volljährig, meldet brieflich an die Eltern, dass sie mit einer Leidenschaft, die alles andere ausschließe, arbeite.

1897 verbringt Paula die Sommerferien in Worpswede. Im Januar 1898 erbt Paula überraschenderweise Geld von einer Großtante und bekommt darüberhinaus noch von ihrem Onkel Arthur 600 Mark für ihre Ausbildung für die nächsten zwei oder drei Jahre. Nach dem Ende ihrer Ausbildung in Berlin im Mai 1898 schließen sich bis Dezember 1899 Malstudien bei Fritz Mackensen in Worpswede an. Clara Westhoff und Paula Becker werden unzertrennliche Freundinnen. Worpswede wird für Paula auch Zeit zum Lesen, zum Träumen, zum Denken und zum Horchen, nach außen und nach innen. Dennoch *arbeite und arbeite sie furchbar*. Otto Modersohn besucht sie in ihrem Atelier. Paula äußert sich, er sei ihr schon so lieb aus seinen Bildern, ein feiner Träumer.

Am 1. Januar 1900 kommt Paula in Paris an. Es sollten insgesamt vier Parisreisen werden, die Paula in den Jahren von 1900 bis Ostern 1907 mit Unterbrechungen in Worpswede unternehmen wird. Die Kurse, die sie in Paris besucht, die Einflüsse der Pariser Kunstszene, der Fortschritt, der sich dort viel schneller vollzieht, als in der dörflichen Idylle von Worpswede, beflügeln sie. Besonders Cézanne hat es ihr angetan. Zur Jahrhundertausstellung 1900 kamen das Ehepaar Overbeck und Otto Modersohn nach Paris. Dort erfährt Otto Modersohn vom Tod seiner Frau Helene und reist überstürzt wieder ab. Zwei Wochen später reisen auch Clara Westhoff und Paula Becker wieder zurück nach Worpswede. Am 12. September 1900 verloben sich Paula und Otto, am 25. Mai 1901 heiraten sie. Paula wird die liebende Stiefmutter der kleinen Elsbeth aus Ottos erster Ehe. Otto liebt Paula und erkennt ihr künstlerisches Talent hoch an, fördert und unterstützt sie. Den wiederholten Parisreisen Paulas stimmt er zu. Die letzte Parisreise von Februar 1906 bis März 1907 unternimmt Paula in der Absicht, sich von ihrem Mann Otto Modersohn zu trennen und Worpswede den Rücken zu kehren. Weder die Beckersche Familie noch Otto noch die Worpsweder Freunde billigen das. Dennoch versucht Paula in Paris für Verständnis zu werben. Lediglich Clara und Rainer Maria Rilke und ihre Cousine Maidli haben Verständnis für sie. Otto kämpft um sie und zieht alle Register. Paula setzt sich zur Wehr und bezeichnet ihre Ehejahre als Tierquälerei und ihre Liebe als kaputt. Otto bemüht alle Worpsweder Künstlerfreunde, insbesondere den Bildhauer und Architekten Berhard Hoetger, den Paula sehr schätzt, zu seinen Gunsten Einfluss auf Paula zu nehmen. Er bittet, verspricht und beschwört unablässig, droht, steht in Paris vor ihrer Türe und macht ihr klar, dass sie alleine von ihrer Kunst nicht leben könne und dass sie ihn brauche. Anfang September 1906 lenkt Paula ein und stellt Otto zur Aussicht, dass sie sich wieder finden könnten. Sie schreibt an ihre Freundin Clara Rilke-Westhoff im November 1906, dass sie diesen Sommer gemerkt habe, dass sie nicht die Frau wäre, alleine zu stehen. Die ewigen Geldsorgen, die ihre Freiheit beschneiden würden! Und Stille für die Arbeit habe sie auf Dauer nur an der Seite Otto Modersohns. Am 8. Februar 1907 begeht Paula in Paris ihren 31. Geburtstag. Am 9. März teilt sie ihrer Mutter brieflich mit, dass sie ein Kind erwarte. Am 31. März ist sie zurück in Worpswede. Am 2. November bringt sie Tochter Tille (Mathilde) zur Welt. Paula und Otto sind entzückt. Paula bekommt Schmerzen im Bein, es wird ihr Bettruhe verordnet. Am 20. November gestattet ihr ihr Bruder Kurt, der Arzt ist, das Bett nun zu verlassen. Paula ist selig, es sei fast so schön wie an Weihnachten. Sie sitzt im Lehnstuhl, will noch den Fuß hochlegen, und stirbt an einer Embolie.

Wie schade! seien ihre letzten Worte gewesen.

*Paula Modersohn-Becker war ein Ausnahmetalent, wohl die Größte aller Worpsweder Künstler und Künstlerinnen. Zu Lebzeiten unverstanden erkannten nur wenige ihre außerordentliche Begabung. Einunddreißigjährig hinterlässt sie ein gewaltiges Werk von mehr als 750 Gemälden und etwa 1000 Zeichnungen.*

Otto Modersohn, Paula Modersohn-Becker im Garten malend, 1901.
© akg-images / AKG640313.

## Clara Rilke-Westhoff

Bildhauerin;
geb. am 21.11.1878 in Bremen, gest. am 9.3.1954 in Fischerhude

Clara Henriette Sophie Westhoff war die Tochter des Kaufmanns Friedrich Westhoff und seiner Frau Johanna. Als eines von drei Kindern wächst sie in Bremen auf. Mit siebzehn zieht Clara nach München, um die private Malschule Fehr/ Schmid-Reutte zu besuchen. Sie kommt in die Zeichenklasse von Friedrich Fehr. Zwei Jahre später, im Frühjahr 1898, wird sie auf die Vermittlung Heinrich Vogelers hin Schülerin bei Mackensen in Worpswede. Mackensen empfiehlt ihr, auch plastisch zu arbeiten. Gegen Herbst ist nun auch Paula Becker mit in ihrer Klasse, sowie Marie Bock und Ottilie Reylaender. Clara freundet sich mit Otto Modersohn, Heinrich Vogeler und mit seiner Freundin Martha an. An ihrem 20. Geburtstag teilt sie dem Vater mit, dass sie nun Bildhauer werden will. Anlässlich der deutschen Kunstausstellung im April 1899 in Dresden und ihrer gelungenen Arbeit „Portrait der Alten", bietet ihr der Bildhauer Max Klinger an, in seinem Leipziger Atelier zu arbeiten.

Im Winter 1899 stellt sie in der Bremer Kunsthalle drei Plastiken aus und wird als ausgesprochen talentiert gelobt. Von Dezember 1899 bis Juni 1900 ist Clara in Paris und besucht die Académie Julian. Zusammen mit der Freundin Paula Becker besucht Clara die Anatomievorträge in der Ecole des Beaux-Arts. Sie geht zu Auguste Rodin ins Atelier, besucht seine neu eingerichtete Bildhauerschule. Gemeinsam mit Paula sieht sie sich die Weltausstellung 1900, sowie Rodins Pavillion mit 171 Exponaten an. Am 11. Juni 1900 kommen Hermine und Fritz Overbeck und Otto Modersohn aus Worpswede in Paris an, doch die tragische Nachricht vom Tod von Helene Modersohn veranlasst alle, auch Clara, wieder heimzureisen. Zurück in Worpswede gesellt sich ab August 1900, auf Einladung Heinrich Vogelers, der Schriftsteller Rainer Maria Rilke zu der Künstlergruppe. Rilke findet Gefallen an Claras Arbeiten und an ihr, ist aber gedanklich noch von Lou Andreas-Salomé gefangen. Sie heiraten am 28. April 1901 bei den Westhoffs in Bremen. Schon am 12. Dezember 1901 kommt ihre Tochter Ruth auf die Welt. Clara und Rilke bewohnen mit Ruth ein altes Bauerhaus im

Moordorf Westerwede. Doch Rilke ist nicht häuslich, seine Arbeit steht an höchster Stelle, dasselbe soll für Clara gelten, und er hat chronisch Geldsorgen. Nach nicht einmal einem Jahr geben sie Ruth in die Obhut ihrer Großmutter Westhoff und begeben sich auf Reisen, nach Paris, wo Rilke später Privatsekretär von Rodin wird, nach Italien, nach Dänemark, Schweden und viele Orte Deutschlands, bis Clara sesshaft zu werden wünscht und Ruth zu sich nehmen möchte. Dies scheint ihr 1912 in München zu gelingen, sie nimmt Ruth zu sich und versucht gleichfalls, sich von ihrem Mann zu lösen. Sie strebt eine Scheidung an, nur sind Clara und Rilke zu arm, um die Kosten dafür zu bezahlen. Zum ersten Mal seit langer Zeit kommt Clara zur Ruhe, hat Freude an ihrer Arbeit und ist zugleich materiell durch Rilkes Erbe abgesichert, was sich wohltuend auf ihre seelische Verfassung auswirkt. Ende September 1915 muss sich Clara einer Operation wegen Schwellungen an der Lymphe unterziehen. Am 17. November 1917 erschütterte Clara und Rilke die Nachricht vom Tod Rodins. 1919 siedeln Clara und Ruth nach Fischerhude über, und Clara lässt sich mit Rilkes finanzieller Unterstützung ein neues Haus bauen. Eine Hypothek aufs Haus lehnt Rilke allerdings ab. Wieder muss sich Clara einer Operation unterziehen, diesmal aufgrund eines Darmleidens. Am 31. Oktober 1921 verlobt sich Ruth und heiratet am 18. Mai 1922 den Gutsverwalter Carl Sieber. Am 23. November 1923 wird Claras und Rilkes erste Enkeltochter Christine geboren. Im November 1926 wird dem 50-jährigen Rainer Maria Rilke Leukämie diagnostiziert; er stirbt am 29. Dezember 1926, ohne dass ihn Clara in seinen letzten Tagen noch sehen konnte. Seither wandte sich Clara von der Bildhauerei ab und wieder der Malerei zu und vertiefte sich in religiöse Literatur. Sie stirbt 76-jährig am 9. März 1954 in Fischerhude.

*Dass Kunst-Arbeit und Leben irgendwo ein Entweder-Oder ist, entdeckt ja jeder zu seiner Zeit, – aber für die Frau mag diese Wahl freilich ein Schmerz und Abschied ohnegleichen bedeuten.*
*Rainer Maria Rilke*

# Birgitta von Schweden

Heilige und Mystikerin, Patronin Europas;
geb. 1303 in Finsta, gest. am 23.7.1373 in Rom

Birgitta Birgersdotter wird im Jahr 1303 vermutlich in Finsta geboren. Ihr Vater Birger Persson war Richter und Reichsrat, ihre Mutter Ingeborg Bengtsdotter war ein Mitglied der königlichen Familie. Bereits als Kind hatte Birgitta Visionen. 1314 stirbt ihre Mutter. Im Jahr 1316 wird Birgitta dreizehnjährig mit Ulf Gudmarsson verheiratet. Ulf und Birgitta ziehen in die Burg von Ulvasa in Östergötland. Das Paar bekommt 8 Kinder, 4 Töchter und 4 Söhne. 1320 erbt Birgitta von ihrer Mutter sieben Güter in Småland. Im Jahr 1326 stirbt auch Birgittas Vater. 1335 beruft sie König Magnus Eriksson an den Hof als Ratgeberin und Hofdame seiner Frau, Königin Blanka. Im gleichen Jahr wird Ulf Gudmarsson zum Reichsrat ernannt. 1339 verlässt Birgitta den Hof und pilgert gemeinsam mit ihrem Mann zum Nidarosdom in Trondheim. 1341/2 pilgern sie nach Santiago de Compostela. Ulf erkrankt und stirbt 1344 in Alvastra. Birgitta beginnt nun ein streng asketisches Leben. Eine ihrer Visionen ist es, eine Ordensgemeinschaft zu gründen. 1346 stiften König Magnus Eriksson und Königin Blanka den Königshof von Vadstena für das Kloster und stellen testamentarisch Geld dafür bereit. Zehn Jahre nach Ausbruch des Hundertjährigen Kriegs versucht Birgitta vergeblich, Frieden zwischen Frankreich und England zu vermitteln. Auch tadelt Birgitta die Lebensführung König Magnus Erikssons. 1349 geht sie nach Rom. Von dort aus unternimmt sie Wallfahrten nach Assisi und nach Süditalien. Sie lernt Alfonso Fernandéz Pecha de Vadaterra kennen, der ihr Beichtvater und Begleiter wird. De Vadaterra wird später ihre „Himmlischen Offenbarungen" redigieren.

1368 erhält Birgitta zusammen mit ihren zwei Söhnen Karl und Birger eine Audienz bei Papst Urban V. Zwei Jahre später erhält sie von Papst Urban V. die Anerkennung ihrer Ordensregel für den Orden Unseres Allerheiligsten Erlösers. 1372 wallfahrtet sie mit ihren Kindern Katharina, Karl und Birger nach Jerusalem und Bethlehem, wo sie die Vision von der Geburt Jesu empfängt. Im Juli 1373 schreibt sie ihren letzten Brief an den Papst in Avignon, in dem sie ihn auffordert, nach Rom zurückzukehren. Am 23. Juli 1373 stirbt sie in ihrem Haus in Rom.

1384 wird das Kloster in Vadstena eingeweiht. Am 7. Oktober 1391 wird Birgitta zur Heiligen erklärt. Im Jahr 1999 wird sie von Papst Johannes Paul II. zur Schutzheiligen Europas erhoben.

# Astrid Lindgren

Schriftstellerin und Kinderbuchautorin;
geb. am 14.11.1907 bei Vimmerby, gest. am 28.1.2002 in Stockholm

Astrid Lindgren wurde am 14. November 1907 als Astrid Anna Emilia Ericsson auf dem Hof Näs bei Vimmerby geboren. Ihr Vater war Samuel August, von Beruf Bauer, und die Mutter war Hanna Ericsson. Astrid hatte einen älteren Bruder, Gunnar, und zwei jüngere Schwestern Stina und Ingegerd. Astrid bezeichnete ihre Kindheit und Jugend als eine schöne, voll Geborgenheit und Freiheit. Mit 14 Jahren ging sie in Vimmerby zur Schule, machte ihren Schulabschluss und begann 1924 ein Volontariat bei der Zeitung „Vimmerby Tidningen". In dieser Zeit, gerade einmal 18 Jahre alt, wurde sie schwanger. Da sie den Vater des Kindes, den Chefredaktuer der Zeitung, nicht heiraten wollte, ging sie nach Stockholm und brachte dann ihren Sohn Lars (Lasse) am 4. Dezember 1926 in Kopenhagen zur Welt. Astrid gab Lasse zunächst in eine dänische Pflegefamilie. In den folgenden Jahren arbeitete sie als Sekretärin in der schwedischen Buchhandelszentrale und für den Königlichen Automobilclub, wo sie Sture Lindgren kennenlernte. Kurz bevor die beiden heiraten, holt Astrid Lasse zu sich, der zuvor ein Jahr bei ihren Eltern gelebt hatte, da seine Pflegemutter 1930 erkrankt war. Am 21. Mai 1934 kommt Tochter Karin zur Welt. Von 1937 an arbeitete Astrid als Stenografin bei Harry Söderman, einem Professor für Kriminalistik, und ab 1940 für den schwedischen Nachrichtendienst.

1941 erfand Tochter Karin, die krank im Bett lag, die Pippi Langstrumpf und bat ihre Mutter, ihr Pippi Langstrumpf-Geschichten zu erzählen. Astrid schreibt die Geschichten auf und reicht sie bei Verlagen ein. Beim Verlag Raben & Sjörgren bekommt sie den ersten Preis für den ausgeschriebenen Wettbewerb und gleichzeitig ein Stellenangebot im Verlag als Lektorin im Kinderbuchbereich. In den folgenden Jahren erscheinen „Kalle Blomquist", „die Kinder aus Bullerbü", „Karlsson vom Dach", „Lotta", „Tomte Tummetott", „Madita", „Michel aus Lönneberga" und „Ronja Räubertochter" und viele mehr. Insgesamt schreibt Astrid Lindgren ungefähr 90 Bücher, Drehbücher und Theaterstücke. 70 ihrer Bücher wurden verfilmt. Am 9. Dezember

1994 erhält sie den Right Livelihood Award für ihre einmalige schriftstellerische Tätigkeit, die sie den Rechten der Kinder und dem Respekt für ihre Individualität widmet. Zuvor hatte sie schon diverse Preise erhalten, wie die Große Goldmedaille der schwedischen Akademie für Literatur, die Königlich schwedische Medaille Litteris et Artibus, den Selma Lagerlöf Preis und den Lego Preis, um nur einige zu nennen. 1999 wird sie zur Schwedin des Jahrhunderts gekürt. Adrid Lindgren stirbt am 28. Januar 2002 in ihrer Wohnung in Stockholm. Mit „Ronja Räubertochter" hatte sie ihre Karriere als Kinderbuchautorin beendet.

*Das Leben ist etwas, das man hüten und bewahren muss, begreifst du das denn nicht?*
*Astrid Lindgren, Ronja Räubertochter*

# Emily Dickinson

Dichterin; geb. am 10.12.1830 in Amherst,
gest. am 15.5.1886 in Amherst, Massachusetts

Emily Dickinson wurde am 10. Dezember 1830 in Amherst, Massachusetts, geboren. Ihr Vater war Edward Dickinson, ihre Mutter Emily Norcross Dickinson. Emily hatte zwei Geschwister, William Austin, Austin genannt und Lavinia Norcross, Vinnie genannt. Emilys Großvater war einer der Gründungsmitglieder des Amherst College. Ihr Vater war Schatzmeister des Colleges, arbeitete am Massachusetts General Court von 1838 bis 1842, für den Senat Massachusetts von 1842 bis 1843 und war dann Abgeordneter für das U.S. Repräsentantenhaus.

Emily besuchte die Amherst Academy, wo sie Unterricht in Englisch, in klassischer Literatur, Latein, Religion, Geschichte, Mathematik, Geologie und Biologie erhielt. Anschließend ging sie aufs Mary Lyon's Mount Holyoke Female Seminary in South Hadley. Nach nicht einmal einem Jahr wurde sie krank und so holte sie ihr Bruder Austin wieder nach Hause. Von da an blieb Emily meistens zuhause, bis auf eine Reise, um Verwandte in Boston, Cambridge und in Connecticut zu besuchen. Sie kleidete sich ausnahmslos in weiß und verbrachte die meiste Zeit zuhause in ihrem Zimmer. Dort schrieb sie ihre Gedichte und ihre Korrespondenz mit Verwandten und Freunden. Aus den 1850er Jahren sind einige Liebesbriefe Emilys an Susan Gilbert erhalten, die 1856 Emilys Bruder Austin heiratete. Auch wurde von einer kurzen Romance Emilys mit Emily Fowler berichtet. Emily Dickinson schrieb ihre ersten Gedichte zwischen 1840 und 1850. Ihre fruchtbarste Schaffensperiode waren die Jahre 1860 bis 1870. Insbesondere in den Jahren 1861 bis 1865, während des amerikanischen Bürgerkriegs, hatte sie über die Hälfte aller ihrer Gedichte geschrieben.

Insgesamt schrieb sie 1.775 Gedichte, von denen bis zum Zeitpunkt ihres Todes nur 10 veröffentlicht wurden. Emily starb am 15. Mai 1886 mit 55 Jahren an einer Erkrankung der Niere. Ihre letzten Worte seien „I must go in, for the fog is rising" gewesen.

Ihr lyrisches Werk erschien posthum.

*Emily Dickinson und Walt Whitman waren wohl die zwei größten amerikanischen Dichter des 19. Jahrhunderts.*

# Jane Addams

Journalistin, Autorin, Sozialarbeiterin, Frauenrechtlerin, Friedensaktivistin, Friedensnobelpreisträgerin;
geb. am 6.9.1860 in Cedarville, gest. am 21.5.1935 in Chicago

Jane Addams war das jüngste der acht Kinder des wohlhabenden Geschäftsmannes und Quäkers John H. Addams und seiner Frau Sarah. Die Mutter starb, als Jane gerade einmal zwei Jahre alt war. Auch vier von Janes Geschwistern starben früh. Als Jane acht Jahre alt war, heiratete ihr Vater die Witwe Anna Hostetter Haldemann, die zwei Söhne in die Familie brachte.

Jane besuchte das Rockford Female Seminary und machte dort 1881 ihren Abschluss. Dann starb ihr Vater und hinterließ jedem Kind eine stattliche Summe, ca. 50.000 $. Ein Jahr studierte Jane Medizin am Woman's Medical College of Philadelphia. Dann musste sie aus gesundheitlichen Gründen aufgeben. So ging sie im August 1883 auf eine lange Europareise gemeinsam mit ihrer Stiefmutter. 1887-88 schloss sich eine weitere Europareise mit Freunden an, darunter ihre Schulfreundin Ellen Gates Starr. In London besichtigte Jane Toynbee Hall und war so angetan, dass sie zuhause in Chicago mit Ellen das Hull House gründete. Die Eröffnung fand am 18. September 1889 statt. Hull House war ein Siedlungshaus, in dem engagierte Arbeiter und Akademiker zusammenkamen, Menschen eines jeden Alters, aus allen Schichten der Bevölkerung und mit jedwedem ethnischen Hintergrund, wo es Kurse und Forschung, und wo es viele Einrichtungen des täglichen Lebens gab. Es war eine Institution, von der eine Nachbarschaftskultur ausging, und wo Jane ihren soziologischen Studien nachgehen konnte und sie umsetzte. 1911 war sie an der Gründung der „National Foundation of Settlements and Neighborhood Centers" beteiligt und wurde deren Präsidentin. 1898 hatte sie sich der „Anti-Imperialist League" angeschlossen.

Nach dem Ausbruch des Ersten Weltkriegs reiste sie im April 1915 nach Den Haag und wurde Präsidentin der sich neu formierenden WILPF (Women's International League for Peace and Freedom), die Delegierte zu den neutralen und kriegsteilnehmenden Ländern entsandte, um sie für einen Frieden zu gewinnen. 1931 erhielt Jane den

Friedensnobelpreis, das Preisgeld stiftete sie der WILPF, deren Ehrenpräsidentin sie 1929 geworden war. Am 21. Mai 1935 starb sie, nachdem im Jahr zuvor ihre langjährige Lebensgefährtin Mary Rozet Smith gestorben war.

# Emily Greene Balch

Ökonomin, Soziologin, Pazifistin, Friedensnobelpreisträgerin;
geb. am 8.1.1867 in Jamaica Plain/Boston,
gest. am 9.1.1961 in Cambridge, Massachusetts

Emily war das zweite von acht Kindern des wohlhabenden Rechtsanwalts Francis Balch und seiner Frau Ellen. Emily besuchte Privatschulen und absolvierte das Bryn Mawr College im Jahr 1889. Von 1890 bis 1891 bekam sie ein Stipendium für die Sorbonne, an der sie Wirtschaftswissenschaften studierte. Dann ging sie für ein Semester nach Harvard, studierte dort Ethik, anschließend ging sie an die Universität Chicago, studierte dort Soziologie und Wirtschaftswissenschaften und zuletzt Wirtschaftswissenschaften an der Universität in Berlin von 1895 bis 1896. Dann unterrichtete sie am Wellesley College Wirtschaftswissenschaften und wurde 1913 Professorin für Ökonomie und Soziologie. Sie engagierte sich für das Frauenwahlrecht, für Rassengerechtigkeit, für die Kontrolle der Kinderarbeit und führte die Frauengewerkschaft, die *Women's Trade Union League* an. 1892 war sie Mitbegründerin des Denison Hauses in Boston. 1915 reiste sie zur Friedenskonferenz nach Den Haag und versuchte, als Delegierte der sich bildenden WILPF, in Russland und Skandinavien vorzusprechen. Daheim in den Vereinigten Staaten von Amerika machte sie Kampagne gegen den Eintritt der USA in den ersten Weltkrieg. 1918 wurde ihr Arbeitsvertrag mit dem Wellesley College nicht mehr verlängert. So wurde sie Sekretärin und Schatzmeisterin der WILPF in Genf. Dann arbeitete sie an mehreren Projekten für die League of Nations, über Abrüstung, Luftfahrt, Drogenkontrolle und Flüchtlinge. 1926 untersuchte sie für die WILPF die Zustände auf Haiti. In den 1930ern versuchte sie, den Verfolgten der Nazis zu helfen und engagierte sich im Kampf gegen den Nationalsozialismus. 1921 war sie Quäkerin geworden.

Es folgten weitere Posten und Tätigkeiten für die WILPF. 1946 erhielt sie den Friedensnobelpreis, das Preisgeld spendete sie der WILPF. Sie starb am 9. Januar 1961, einen Tag nach ihrem 94. Geburtstag.

Emily Greene Balch, eine Pazifistin? Ja – *fundamental human rights, sword in hand!*

# Amelia Earhart

Flugpionierin; geb. am 24.7.1897 in Atchison, Kansas, verschollen am 2.7.1937 im Pazifischen Ozean

Amelia Earhart war die Tochter des Juristen Samuel Stanton Earhart und seiner Frau Amelia Otis. Sie hatte noch eine jüngere Schwester, Grace. Amelia verbrachte ihre Kindheit überwiegend im Haus der Großeltern. Nach Abschluss der Schule im Jahr 1915 arbeitete sie im Militärkrankenhaus von Toronto und als Sozialarbeiterin in Boston. Das Medizinstudium an der Columbia Universität brach sie nach einem Jahr ab. 1920 durfte sie zum ersten Mal in einem Flugzeug mitfliegen, woraufhin sie beschloss, selbst Pilotin zu werden. Ihre Eltern weigerten sich, ihr den Pilotenschein zu finanzieren, so dass Amelia viele Jobs annehmen musste, um das Geld dafür aufzubringen. Die Pilotin Neta Snook erteilte ihr ihre ersten Flugstunden. Von da an war Amelia vom Fliegen begeistert. Nach einem halben Jahr kaufte sie sich ihr erstes Flugzeug. Ein Jahr nachdem Charles Lindbergh den Atlantik überquert hatte, flog Amelia als Passagierin im Juni 1928 als erste Frau nonstop ebenfalls über den Atlantik. Danach wurde Amelia als Heldin, als Frau des Jahres, gefeiert und wurde zum Idol der jungen Frauen Amerikas. Ihre Popularität nutze Amelia, um sich für die Rechte der Frau und für die Gleichstellung der Frauen einzusetzen. 1928 gründete sie die Vereinigung zur Stärkung der Stellung der Frauen in der Luftfahrt. 1929 nahm sie am ersten Cleveland Women's Air Derby teil und gründete mit vier anderen Pilotinnen den „Ninety Nines Club" zur Stärkung der Frau in der Luftfahrt. Am 7. Februar 1931 heiratet Amelia George P. Putnam. 1932 überquert Amelia alleine den Atlanktik von Neufundland bis Londonderry. Präsident Hoover ehrt sie mit der Medaille der National Geographic Society. Amelia nützt ihre Popularität, um aufzuzeigen, dass auch Frauen zu Höchstleistungen fähig sind. An der Universität in Lafayette fördert sie junge Frauen in der Luftfahrt. Politisch unterstützte Amelia das Programm Franklin D. Roosevelts und war mit Eleanor befreundet. Am 11. Januar 1935 absolvierte Amelia einen Alleinflug im Pazifik von Honolulu bis Oakland, noch im gleichen Jahr von Mexico-Stadt bis Newark. Kurz vor ihrem 40. Geburtstag plant Amelia gemeinsam mit ihrem Navigator Fred Noonan eine Erdumrundung entlang des Äquators. Drei Viertel der Strecke von Miami bis Neuguinea haben sie bereits zurückgelegt, als sie am 2. Juli 1937 die Howlandinsel für einen Zwischenstopp anfliegen wollen. Dort kamen sie nie an. Es wurde eine große Suchaktion eingeleitet, die aber ohne Ergebnis am 19. Juli 1937 eingestellt wurde. Amelia wurde für verschollen, 1939 für tot erklärt.

Ihr spurloses Verschwinden gibt Anlass zu verschiedensten Spekulationen.

Auch das Flugzeugwrack wurde nie gefunden.

# Rosa Parks

Bürgerrechtlerin; geb. am 4.2.1913 in Tuskegee, Alabama,
gest. am 24.10.2005 in Detroit, Michigan

Rosa Louise McCauley wurde am 4. Februar 1913 in Tuskegee geboren und von ihrer Mutter Leona und ihren Großeltern großgezogen. Der Vater hatte 1915 die Familie verlassen. Rosa besuchte die Grundschule in Pine Level, Montgomery, die Industrial School for Girls und musste dann ihre schulische Ausbildung beenden, um zunächst ihre Großmutter und dann die Mutter zu pflegen. 1932 heiratete Rosa den Friseur Raymond Parks aus Montgomery. Er war Mitglied der „National Association for the Advancement of Coloured People", NAACP. Rosa arbeitete in verschiedenen Jobs, als Haushaltshilfe und Krankenhaushelferin. 1933 schloss sie, auf Veranlassung ihres Mannes, die High School ab. Im Dezember 1943 trat Rosa der Montgomery NAACP bei und wurde zu deren Sekretärin gewählt. Außerdem waren Rosa und ihr Mann Mitglieder der „League for Women Voters". 1944 hatte sie einen Job auf der Maxwell Air Force Base. Dann arbeitete sie für ein weißes Ehepaar namens Virginia und Clifford Durr als Hausdame und Näherin. Sie halfen ihr dabei, im Sommer 1955 die Highlander Folk Schule in Monteagle, Tennessee zu besuchen, eine Bildungseinrichtung für Arbeiterrechte und Rassengleichheit.

Am 1. Dezember 1955 gegen 18 Uhr Abend, nachdem Rosa Parks den ganzen Tag gearbeitet hatte, nahm sie den Cleveland Avenue Bus der Montgomery City Lines und setzte sich auf einen Sitzplatz für Schwarze, direkt hinter den 10 Sitzplätzen, die für Weiße reserviert waren. Während der Fahrt stiegen so viele Weiße ein, dass an der Haltestelle am Empire Theater 2 oder 3 weiße Passagiere stehen mussten. Der Busfahrer James F. Blake verlangte daraufhin, dass 4 Schwarze ihre Sitze aufgeben sollten, damit die Sektion im Bus so verschoben werden konnte, dass die Weißen alle einen Sitzplatz hätten. Rosa Parks weigerte sich aufzustehen, rutschte lediglich rüber zum Fensterplatz. Daraufhin rief James Blake die Polizei. Rosa wurde verhaftet und noch am gleichen Abend mithilfe von Edgar Nixon vom NAACP Montgomery gegen Kaution wieder freigelassen. Rosa wurde am 5.

Dezember zur Zahlung von 10 Dollar und 4 Dollar Gerichtskosten verurteilt. Am Tag ihrer Verurteilung wurde zum Boykott der Busse aufgerufen. Er sollte 381 Tage dauern. Kurze Zeit später wurde die „Montgomery Improvement Association“, MIA gegründet, deren Präsident Martin Luther King Jr. war. 1957 zogen Rosa und Raymond nach Hampton, Virginia, weil Rosa keine Arbeit mehr finden konnte und weil sie Morddrohungen erhielt. Ende des Jahres 1957 zogen sie nach Detroit, wo Rosas Bruder Sylvester lebte. 1977 stirbt Raymond. 1977 stirbt ihr Bruder Sylvester, 1979 ihre Mutter Leona. 1992 veröffentlicht sie ihre Autobiographie und 1995 ihre Memoiren. Ihr ganzes Leben in der Bürgerrechtsbewegung aktiv, stirbt sie am 24. Oktober 2005 in Detroit.

*Der Kongress der Vereinigten Staaten Amerikas nannte sie „the First Lady of Civil Rights“.*

## Toni Morrison

Schriftstellerin und Literaturnobelpreisträgerin; geb. am 18.2.1931 in Lorain, Ohio, gest. am 5.8.2019 in New York, Bronx

Chloe Anthony Wofford wurde als zweites von vier Kindern in eine schwarze Arbeiterfamilie hineingeboren. Der Vater übermittelte ihr mit Liedern und Geschichten seine afroamerikanische Kultur, zudem las Toni viel und gerne.

1949 studierte sie an der Howard Universität in Washington D.C. Anglistik und schloss 1953 ihr Studium mit dem B.A. ab. Dann ging sie an die Cornell Universität und machte dort 1955 ihren M.A. Nun unterrichtet sie Englische Literatur, zunächst von 1955 bis 1957 an der Texas Southern University in Houston, dann ab 1957 bis 1964 an der Howard University. Im Jahr 1958 heiratet sie Howard Morrison und bekommt mit ihm zwei Söhne. 1964 wird die Ehe geschieden. Ab 1965 arbeitet sie als Redakteurin für den Verlag Random House. Sie engagiert sich für die Etablierung der afroamerikanischen Literatur.

1970 erscheint ihr erster Roman „The Bluest Eye", dann „Sula". 1977 verschafft ihr „Song of Salomon" den großen Erfolg. Es folgen „Tar Baby", 1981 und „Beloved", 1987. 1988 wird sie für „Beloved" mit dem Pulitzer-Preis ausgezeichnet. Toni bekommt Lehraufträge an der State University of New York und an der Princeton University. 1992 wird „Jazz" veröffentlicht.

1993 bekommt sie den Nobelpreis für Literatur.

In den folgenden Jahren werden ihre Romane „Paradise" 1998, „Love" 2003, „A Mercy" 2008, „Home" 2012, „God help the Child" 2015 veröffentlicht. Ferner schreibt Toni auch mit ihrem Sohn Slade zusammen Kinderbücher.

Im Jahr 2006 kündigt sie ihre Stellung an der Princeton University und geht in den Ruhestand. Da ist sie 75 Jahre alt.

2010 wird sie zur Ritterin der französischen Ehrenlegion geschlagen.

2012 erhält sie die U.S. Presidential Medal of Freedom.

Sie stirbt am 5. August 2019 in New York.

*You wanna fly, you got to give up the shit that weighs you down.*
*Toni Morrison*

## Billie Jean King

Tennislegende; geb. am 22.11.1943 in Long Beach, Kalifornien

Billie Jean Moffitt wurde am 22. November 1943 in Long Beach geboren. 1965 heiratete sie Lawrence King. 1972 wurde sie von der Zeitschrift „Sports Illustrated“ zur Sportlerin des Jahres gekürt. Im Jahr 1973 war sie Gründungsmitglied der „Women's Tennis Association“, WTA, in London. Die WTA wurde 1970 als Virginia Slim Series gegründet, da es beträchtliche Unterschiede in den Preisgeldern zwischen Frauen und Männern gab. 1973 erhielt Billie Jean zum ersten Mal bei den US Open gleich viel Preisgeld wie die Herren.

Billie Jean ist eine von 10 Spielerinnen, die im Einzel alle 4 Grand Slam-Titel gewonnen hat. Mit zwölf Titeln ist sie zusammen mit der Französin Suzanne Lenglen auf Platz 7 der Rekord-Grand Slam Siegerinnen im Dameneinzel. Ihre höchste Platzierung war Rang 2 in der Weltrangliste im Jahr 1977. Insgesamt gewann sie 78 WTA-Titel im Einzel. Ihr letzter Turniersieg war in Birmingham im Jahr 1983, da war sie 39 Jahre alt.

Billie Jean King setzt sich für die Gleichberechtigung der Frauen im Sport ein.

Erneut wird sie als Sportlerin des Jahres geehrt. Im Jahr 1974 war sie die erste Frau, die ein Team aus der World Team Tennis League trainierte, die Philadelphia Freedoms.

1987 wurde sie in die Hall of Fame des Tennissports aufgenommen, 1990 gehörte zu den 100 wichtigsten US-Amerikanern im „Life Magazine“. Im Jahr 2000 wurde sie mit dem Capitol Award der Gay and Lesbian Alliance Against Defamation für ihr Engagement ausgezeichnet. Auch setzt sie sich für die Elton John AIDS Foundation und den National AIDS Fund ein.

*Ihr zu Ehren wurde im September 2020 der Fed Cup in Billie Jean King Cup umbenannt. Der Fed Cup ist bis dato der wichtigste internationale Mannschaftswettbewerb im Damentennis.*

# Deb Haaland

Politikerin; geb. am 2.12.1960 in Winslow, Arizona

Debra Anne Haaland wurde am 2. Dezember 1960 in Winslow, Arizona, geboren. Ihr Vater J.D. Haaland war Amerikaner norwegischen Ursprungs und Offizier im Marinecorps, die Mutter, Mary Toya, war ebenfalls in der Marine und gehörte dem Stamm der Laguna Pueblo an. Deb hat drei Schwestern und einen Bruder. Da die Familie oft umziehen musste, besuchte Deb 13 verschiedene Schulen. 1994 legte sie ihren B.A. an der Universität New Mexico ab, 2006 erlangte sie den Doktortitel in Jura an der School of Law der Universität New Mexikos. Mehrere Jahre lang führte sie ihr eigenes Geschäft, das Pueblo Salsa herstellte und abfüllte. Dann wurde sie zur Chairwoman der „Laguna Development Corporation“ gewählt.

1995 kam ihre Tochter auf die Welt, die sie alleine großzieht.

Von 2013 bis 2015 arbeitete sie als Verwalterin des San Felipe Pueblos. Zuvor beteiligte sie sich an der Präsidentschaftskampagne von Barack Obama im Jahr 2012. Von 2015 bis 2017 führte sie den Vorsitz der Demokratischen Partei New Mexikos. In den Wahlen 2018 gewann Deb für die Demokratische Partei New Mexicos den Sitz im Repräsentantenhaus der Vereinigten Staaten.

*Zusammen mit Sharice Davids aus Kansas vom Stamm der Ho-Chunk, waren sie die ersten beiden Repräsentantinnen der First Nations, die in den Kongress gewählt wurden.*

# Emily Carr

Malerin und Schriftstellerin;
geb. am 13.12.1871 in Victoria, B.C., gest. am 2.3.1945 in Victoria, B.C.

Emily Carr wurde am 13. Dezember 1871 in Victoria, British Columbia, geboren. Die Eltern waren Richard und Emily Carr. Sie war zunächst die jüngste von 5 Schwestern, 1875 kam noch Bruder Richard auf die Welt. Nach dem Tod beider Eltern 1886 und 1888 ging sie nach San Francisco und studierte dort Kunst an der California School of Design. Nun begann Emily, die First Nations in British Columbia und Alaska zu besuchen und ihre Kultur zu erfahren. In Ucluelet wird ihr der Name „Klee Wyck" gegeben, was „die, die lacht" bedeutet und unter diesem Titel Emily im Jahr 1941 ein Buch veröffentlicht.

1899 studierte sie in London an der Westminster School of Art, 1901 in St Ives in Cornwall bei Julius Olsson. 1902 malte sie im Studio von John Whiteley in Hertfordshire. Von 1903 bis Juni 1904 ist Emily Carr nach einem Zusammenbruch im East Anglia Sanatorium, bis sie im Juni 1904 nach Victoria zurückkehrt. 1905 unterrichtet sie Kunst, 1906 zieht sie nach Vancouver, wo sie eine Stelle im Vancouver Ladies' Art Club erhält. Wieder besucht sie die First Nations an der Nordwestküste.

1910 ging sie nach Paris an die Akademie Colarossi. 1911 hatte sie zwei Gemälde im Herbstsalon in Paris. Zurück in Kanada fuhr sie fort, Landschaften und Artefakte der First Nations zu malen, doch nun vermischt mit impressionistischen Elementen. 1913 stellt sie fast 200 Bilder zu den First Nations in der Drummond Hall in Vancouver aus. 1918 wird sie vom „Western Women's Weekly" als Cartoonistin beschäftigt. 1924 und 1925 stellt sie zusammen mit Künstlern der Nordwestküste in Seattle aus.

1927 waren ihre Werke Teile der Ausstellung „Canadian West Coast Art, native and modern" in Ottawa. 1928 besucht sie erneut die First Nations und beendet ihre Reise auf Haida Gwaii.

In den Folgejahren betätigte sich Emily zunehmend schriftstellerisch, zum Teil illustrierte sie ihre Bücher auch selbst. 1937 erlitt sie einen Herzinfarkt. 1937 und 1938 fanden ihr zu Ehren eigene Ausstellungen in Toronto und in Vancouver statt. 1939 erlitt sie einen zweiten Herzinfarkt. 1940 und 1942 erleidet sie zwei weitere Infarkte. 1943 zeigt die Kunstgalerie in Toronto eine Retrospektive, die Dominion Gallery in Montreal stellt 1944 ihre Gemälde aus. In den Jahren 1941-1944 wurden ihre Bücher „Klee Wyck", „The Book of Small" und „The House of All Sorts" veröffentlicht.

Emily Carr lebte die letzten Jahre zurückgezogen in ihrem Haus in Victoria. Sie starb dort am 2. März 1945. Ihre Bücher „Growing Pains", „Pause", „Hundreds and Thousands" und „The Heart of a Peacock" wurden zum Teil erst lange nach ihrem Tod veröffentlicht. 1945 machte die National Gallery of Canada ihr zu Ehren eine *memorial exhibition*.

Emily Carr, Odds and Ends, 1939. Public Domain.

# Aung San Suu Kyi

Politikerin und Friedensnobelpreisträgerin; geb. am 19.6.1945 in Rangun

Aung San Suu Kyi wurde am 19. Juni 1945 in Rangun, Burma geboren. Ihr Vater war Aung San, Kommandeur der Burma Independence Army, BIA und ihre Mutter Ma Khin Kyi. 1947 wurde ihr Vater Aung San bei einem politischen Attentat ermordet. Aung San Suu Kyi wuchs in Indien auf. Dort wurde ihre Mutter im Jahr 1960 burmesische Botschafterin. Nachdem Aung San Suu Kyi in Neu-Delhi die Schule abgeschlossen hatte, ging sie an die Universität Oxford, um dort Philosophie, Politik und Wirtschaftswissenschaften zu studieren. 1967 schloss sie ihr Studium mit dem B.A. ab. Von 1969 bis 1971 arbeitete sie im Sekretariat der UN in New York. 1972 heiratete sie den britischen Tibetologen Michael Aris, mit dem sie zwei Söhne hat. 1974 zog die Familie nach Oxford. Dort begann Aung San Suu Kyi zu recherchieren, um ein Buch über ihren Vater zu schreiben. Von 1985 bis 1986 erhielt sie ein Stipendium für Kyoto, Japan. 1988 kehrte sie nach Rangun zurück und erlebte den Sturz des Militärdiktators Ne Win. Sie begründete die „National League for Democracy“, NLD mit und wurde deren Parteivorsitzende. Die politischen Ziele sollten mit zivilem Ungehorsam und gewaltfrei erreicht werden. Ihre Aufstellung für die Wahlen wurde verboten, Aung San Suu Kyi erstmals unter Hausarrest gestellt. 1990 gewann ihre Partei die Wahlen, das Ergebnis wurde aber vom Militärregime nicht anerkannt.

1991 erhielt Aung San Suu Kyi den Friedensnobelpreis, konnte ihn aber persönlich nicht entgegennehmen, so dass ihr Mann in Begleitung der beiden Söhne für sie den Preis entgegennahm. 1995 wurde der Hausarrest aufgehoben, dann wurde wieder ihr Bewegungsspielraum für 4 Jahre eingeschränkt, so dass sie wenigstens noch Journalisten und Mitglieder der UN sehen durfte. Nur ihren Mann, der 1999 früh verstarb, durfte sie nicht wiedersehen. Wieder wurde sie im Jahr 2000 bis zum Mai 2002 unter Hausarrest gestellt. Im Dezember 2000 hatte ihr Bill Clinton die „Presidential Medal of Freedom“ verliehen. 2003 wurde sie festgenommen und ins Gefängnis gebracht, dann wieder unter Hausarrest gestellt. Am 22. September 2007, während der

Proteste der Mönche, konnte sie kurz für 15 Minuten vors Haus treten. Im Mai 2009 wird sie erneut verhaftet, wieder schließt sich ein Hausarrest an, nun wird sie für die Parlamentswahlen im November 2010 ausgeschlossen. Dann wird sie überraschenderweise aus dem Hausarrest entlassen, darf im April 2012 für die NLD um einen Parlamentssitz kandidieren und wird am 2. Mai 2012 mit 33 weiteren NLD Abgeordneten vereidigt. Im Mai 2012 nimmt sie am Wirtschaftsforum in Bangkok teil, im Juni reist sie in die Schweiz und nach Oslo, um ihre Nobelpreisrede nachzuholen. Anschließend hält sie eine Rede in London im Unterhaus.

Das war die erste Auslandsreise Aung San Suu Kyis seit 24 Jahren.

In all den Jahren der Repressalien erhielt sie zahllose Auszeichnungen, von der Ehrenstaatsbürgerschaft Kanadas bis hin zur Ehrendoktorwürde der Universität Oxford. Amnesty International zeichnete sie als Botschafterin des Gewissens aus.

# Shirin Ebadi

Juristin, Kämpferin für Menschenrechte und die Rechte von Frauen und Kindern im Besonderen; geb. am 21.6.1947 in Hamadan, Iran

Shirin Ebadi wurde am 21. Juni 1947 in Hamadan im Iran geboren. 1969 schloss sie ihr Jurastudium an der Universität Teheran ab. 1975 heiratete sie Javad Tavassolian. Von 1975 bis 1979 war sie Richterin am Teheraner Gericht. Diese Stelle verlor sie 1979 nach der Islamischen Revolution. So musste sie zunächst als Sekretärin bei Gericht arbeiten. Anschließend konnte sie dann als Anwältin und als Dozentin an der Universität Teheran arbeiten.

1980 kam ihre Tochter Negar, 1983 Tochter Nargess Tavassolian zur Welt.

1994 gründete sie die „Society for Protecting the Child's Rights“ mit, um auch das Strafmündigkeitsalter für Mädchen dem der Jungen anzupassen. Ferner engagierte sie sich für die Gleichberechtigung der Frauen im Iran und kämpfte für die Menschenrechte in ihrem Land. Als Gegnerin fundamentalistischen Gedankenguts und Verfechterin einer pluralistischen, demokratischen Gesellschaft im Iran, wurde Shirin des Öfteren verurteilt, inhaftiert und mit Berufsverbot belegt. So verteidigte sie Regimegegner und Dissidenten und wurde im Jahr 2000 dafür inhaftiert und zu einer Bewährungsstrafe und vorübergehendem Berufsverbot verurteilt.

2002 gründete sie mit anderen Juristen das Zentrum für Menschenrechte.

2005 wurde sie ohne Angabe von Gründen vom iranischen Revolutionsgericht vorgeladen. Shirin weigerte sich, dieser Aufforderung nachzukommen, was soviel bedeutete, dass sie diesem Revolutionsgericht jedwede Legitimität absprach. 2006 wurde eine Demonstration für die Menschenrechte, an der hauptsächlich Frauen teilnahmen, gewaltsam zerschlagen und Shirin festgenommen. Kurze Zeit später wurde das Zentrum für Menschenrechte verboten. 2009 lassen sich Shirin und Javad scheiden. Seit Ende 2009 lebt Shirin in England im Exil, von wo aus sie die Menschenrechtsaktivitäten fortsetzt. 2012 rief sie zum Boykott der Parlamentswahlen auf.

2003 erhielt Shirin Ebadi für ihre Bemühungen um Demokratie und Menschenrechte den Friedensnobelpreis. Sie nahm ihn ohne Kopftuch entgegen.

Ihre Begründung: Im westlichen Kulturkreis sei es jeder Frau selbst überlassen, wie sie sich kleide.

## Rigoberta Menchú Tum

Kämpferin für die Quiché-Maya, Menschenrechtsaktivistin, Friedensnobelpreisträgerin; geb. am 9.1.1959 in Chimel, Guatemala

Rigoberta Menchú wurde am 9. Januar 1959 in Chimel, einem kleinen Bergdorf im Norden Guatemalas geboren. Ihr Vater, Vincente Menchú war Bauer und Lohnarbeiter, so wie ihre Mutter, Juana Tum Kótoja. Die Familie war arm und hatte als Quichés keine Bürgerrechte. Schon mit 8 Jahren musste Rigoberta auf fremden Plantagen arbeiten. 1979 trat sie, wie ihre Familie, dem „Comité de Unidad Campesina", CUC bei. Ebenfalls 1979 wurde ihr Bruder Petrocinio von Soldaten entführt, gefoltert und bei lebendigem Leib verbrannt. 1980 starb ihr Vater bei einem Feuer in der spanischen Botschaft, in der er sich befand, um gegen Menschenrechtsverletzungen zu protestieren. 1981 wurde Rigobertas Mutter entführt, vergewaltigt, gefoltert und umgebracht. Rigoberta fand die Kraft, diesen Schicksalsschlägen nicht mit Resignation zu begegnen, sondern steigerte noch ihre politischen Aktivitäten. So organisierte sie einen Streik für bessere Arbeitsbedingungen für die Landarbeiter, sowie am 1. Mai 1981 große Demonstrationszüge in Guatemala-Stadt. Dann floh sie ins Exil nach Mexiko, von wo aus sie weiterhin für die Rechte indigener Völker kämpfte. 1982 war sie Mitbegründerin der gemeinsamen Front der guatemaltekischen Oppositionsparteien. 1983 veröffentlichte sie ihre Autobiographie, „Yo, Rigoberta Menchú". 1986 schloss sie sich dem Führungskomitee des CUC an. 1992 erhielt sie als bisher jüngste Preisträgerin und als erste indigene Frau den Friedensnobelpreis. 1996 wird sie UNESCO-Sonderbotschafterin zur Föderung einer Kultur des Friedens und der Rechte indigener Menschen. Auch ist sie Mitglied im Club of Rome. 1999 erhebt sie vor dem Gerichtshof in Madrid Anklage gegen drei guatemaltekische Generäle, sie scheitert, erhält dafür Morddrohungen und Gegenklagen wegen Hochverrats. 2007 scheitert sie erneut bei der Wahl für das Präsidentenamt Guatemalas.

Ihr Einsatz hat unter anderem auch dazu geführt, dass die Vereinten Nationen das Jahr 1993 zum Internationalen Jahr für die Rechte eingeborener Völker erklärt hatten.

Rigoberta ist verheiratet mit Angel Canil. Das Paar hat einen Sohn, Mash Nahual J'a.

*Este mundo no va a cambiar a menos que estemos dispuestos a cambiar nosotros mismos.*
*Rigoberta Menchú Tum*

## Wangari Muta Maathai

Biologin, Veterinärin, Gründerin des Green Belt Movements, Frauenrechtlerin, Friedensnobelpreisträgerin; geb. am 1.4.1940 in Ihithe, Nyeri, gest. am 25.9.2011 in Nairobi

Wangari Muta Maathai wurde am 1. April 1940 im Dorf Ihithe bei Nyeri geboren. Sie ging auf die Loreta Girls' High School in Limure, wo sie von ihrer Lehrerin, einer irischen Nonne, in den Naturwissenschaften gefördert wurde. Mit einem Stipendium des Bischofs von Nyeri konnte Wangari ans Mount St. Scholastica College in Atchinson, Kansas und nach Pittsburgh gehen, um Biologie zu studieren. Nach ihrer Rückkehr aus den USA bekam sie eine Assistentenstelle in der Veterinärmedizin der Universität Nairobi. Im Sommer 1967 heiratete sie Mwangi Mathai. Dann ging sie an die Universitäten Gießen und München, um sich für ihre Promotion vorzubereiten. 1971 verlieh ihr die Universität Nairobi den Doktorgrad der Tiermedizin. Anschließend wurde sie zunächst Dozentin, dann Professorin für Veterinärmedizin an der Universität Nairobi. Im Jahr 1977 gründete sie die Bewegung „Green Belt Movement" in Kenia, die sich zu einer panafrikanischen Aufforstungsbewegung entwickelte, mit circa 45 Millionen neu gepflanzten Bäumen bis heute. Von 1976 bis 1987 war Wangari im „National Council of Women of Kenia" aktiv, von 1981 bis 1987 war sie dessen Präsidentin. Zu dieser Zeit ließ sich ihr Mann Mwangi Mathai, mit dem sie die drei Kinder Waweru, Wanjira und Muta hatte, von ihr scheiden, da sie ihm zu gut ausgebildet, zu stark, zu erfolgreich, zu eigensinnig und zu schwer zu kontrollieren war. 1981 musste sie von ihrem Hochschulamt zurücktreten. Ihre Aktionen wurden vom Präsidenten Daniel arap Moi zunehmend als störend empfunden. Mehrmals wurde sie inhaftiert, verprügelt und bedroht. Im Dezember 2002 wurde sie für das Wahlbündnis „National Rainbow Coalition", NARC ins kenianische Parlament gewählt. Von 2003 bis 2007 war sie stellvertretende Ministerin für Umwelt und Naturschutz. 2004 wurde sie mit dem Friedensnobelpreis für ihren Einsatz für nachhaltige Entwicklung, Frieden und Demokratie ausgezeichnet. Am 25. September 2011 starb Wangari Maathai an den Folgen ihrer Krebserkrankung in Nairobi.

*Frieden auf Erden hängt von unserer Fähigkeit zur Bewahrung einer lebendigen Umwelt ab.*
*Ole Danbolt Mjøs, anlässlich der Verleihung des Friedensnobelpreises an Wangari Muta Maathai*

# Tawakkol Karman

Menschenrechtsaktivistin, Politikerin, Journalistin, Friedensnobelpreisträgerin; geb. am 7.2.1979 in Taiz, Jemen

Tawakkol Karman wurde am 7. Februar 1979 in Shara'b As Salam, Taiz, geboren. Sie ist die Tochter von Abdulsalam Khaled Karman, der bis 1994 Justizminister war, und seiner Frau Anisah Hussein Abdullah Al Aswadi. Tawakkol hat 8 Geschwister. Sie studierte Wirtschaft und Politik an der Universität Sanaa. 2005 gründete sie mit sieben weiteren Journalistinnen die Menschenrechtsorganisation „Women Journalists Without Chains", WJWC, um sich für Menschenrechte, Meinungs- und Pressefreiheit und demokratische Rechte einzusetzen. Zu dieser Zeit arbeitete sie für die Zeitung „Al-Thawrah". Von 2007 bis 2010 führte sie regelmäßig Demonstrationen in Sanaa an. Sie prangerte die Unterernährung und das Analphabetentum jemenitischer Mädchen, sowie die Kinderehen an. Ferner forderte sie von der Regierung ein Ende der Korruption und Tyrannei, die Freilassung politischer Gefangener, sowie Meinungs-, Versammlungs- und Pressefreiheit. Auch forderte sie, als Mitglied der Oppositionspartei al-Islah, das Ende der Präsidentschaft Ali Abdullah Salihs. Im Jahr 2011, als die tunesische Regierung unter Zine El Abidine Ben Ali gestürzt wurde, organisierte Tawakkol die Jasmin-Revolutionsdemonstrationen gegen Präsident Ali Abdullah Salih. Der 3. Februar 2011 war der „Day of Rage" in Sanaa. Tawakkol wurde festgenommen, wieder freigelassen, später wieder festgenommen, wieder freigelassen.

Am 10. Dezember 2011 erhält Tawakkol Karman zusammen mit Leymah Gbowee und Ellen Johnson Sirleaf aus Liberia den Friedensnobelpreis für ihren gewaltlosen Kampf für die Sicherheit von Frauen und für das Recht der Frauen, sich voll im friedenbildenden Prozess zu beteiligen. Tawakkol sagte danach, der Kampf für ein demokratisches Jemen gehe weiter.

2013 unterstützte sie die Proteste, die in Ägypten den Rücktritt Mohammed Morsis forderten.

Tawakkol Karman ist mit Mohammed al-Nahmi verheiratet und hat drei Kinder.

*The solution to women's issues can only be achieved in a free and democratic society in which human energy is liberated, the energy of both women and men together. Our civilization is called human civilization and is not attributed only to men or women.*
*Tawakkol Karman*

# Tu Youyou

Pharmakologin und Nobelpreisträgerin;
geb. am 30.12.1930 in Ningbo, Zhejiang

Tu Youyou wurde am 30. Dezember 1930 in Ningbo in der Volksrepublik China geboren. Ihr Vater arbeitete bei der Bank, ihre Mutter kümmerte sich um sie und ihre vier Brüder. Sie besuchte die Ningbo Chongde Grundschule, die Ningbo Maoxi Primary School, die Ningbo Qizheng Middle School und die Ningbo Yongjiang Mädchenschule. Eine Tuberkuloseinfektion im Alter von 16 Jahren ließ sie die High School für zwei Jahre unterbrechen, bevor sie die Ningbo Xiaoshi High School und später die Ningbo High School dann im Jahr 1951 abschließen konnte. Ihre Erkrankung an Tuberkulose ließ in ihr den Wusch reifen, medizinische Forschungen anzustellen, damit sie sich und anderen Menschen helfen könne. 1951 bestand sie die Aufnahmeprüfung und bekam einen Studienplatz für Pharmazie an der Medical School der Universität Peking. 1955 machte Youyou ihren Studienabschluss in Pharmazie, dann wurde sie zweieinhalb Jahre in traditioneller chinesischer Medizin ausgebildet und arbeitete in der neu eingerichteten Academy of Traditional Chinese Medicine, seit 1965 der China Academy of Traditional Chinese Medicine. Youyou forschte seit 1969 an der Malaria, als Ho Chi Minh die Chinesen für seine Truppen, die aufgrund der Chloroquinresistenz an Malaria erkrankten, um Hilfe bat. Auch in China in den südlichen Provinzen Guangdong und Guangxi war Malaria eine der größten Todesursachen. So wurde Youyou die Leiterin des Projekts 523, des Malariaprojekts, in ihrem Institut. Im Jahr 1980 wurde sie in den Rang einer Professorin erhoben. Am 5. Oktober 2015 erhält sie den Nobelpreis für Physiologie oder Medizin zur Hälfte, zusammen mit William C. Campbell und Satoshi Omura, für ihre Entdeckung einer neuen Therapie gegen Malaria. Sie hatte den zur Behandlung der Malaria eingesetzten sekundären Pflanzenstoff Artemisinin aus dem einjährigen Beifuß isoliert.

Youyou ist mit Li Tingzhao, einem Ingenieur, verheiratet. Sie haben zwei Töchter.

*Weltweit erkrankten im Jahr 2018 228 Millionen Menschen an Malaria, woran 405.000 Menschen im Jahr 2018 starben, so die neuesten WHO Angaben aus dem Jahr 2020.*

# Literatur


Jane Addams et al., Women at The Hague, The International Congress of Women and its Results, University of Illinois Press, Urbana and Chicago, 2003

Zacharias Amer, Hypatia von Alexandria, epubli, Berlin, 2015

Jane Austen, Selected Letters, Oxford University Press, Oxford, 2009

Juliet Barker, The Brontës, Abacus, London, 2010

Barbara Beck, Die berühmtesten Frauen der Weltgeschichte, marixverlag, Wiesbaden, 2016

Katja Behling, Anke Manigold, Die Malweiber, Unerschrockene Künstlerinnen um 1900, Insel, München, 2018

Gina Beitscher et al., Auf den Spuren großer Frauen, Kunth, München, 2009

Quentin Bell, Virginia Woolf, Eine Biographie, Suhrkamp, Frankfurt, 1982

Lars Bergquist, Die hl. Birgitta im Spiegel der Offenbarungen, Fink, Lindenberg, 2011

Barbara Beuys, Denn ich bin krank vor Liebe, Das Leben der Hildegard von Bingen, Insel Verlag, Berlin, 2012

Barbara Beuys, Maria Sibylla Merian, Insel Verlag, Berlin, 2016

Barbara Beuys, Paula Modersohn-Becker, Insel Verlag, Frankfurt, 2017

Marina Bohlmann-Modersohn, Clara Rilke-Westhoff, Eine Biografie, btb Verlag, München, 2017

Stefan Bollmann, Frauen, die denken, sind gefährlich und stark, Insel Verlag, Berlin, 2016

Emily Brontë, Wuthering Heights, Penguin, London, 1994

Siv Bublitz, Die Welt der Rosamunde Pilcher, Rowohlt, Reinbek, 2000

Emily Carr, Growing Pains, The Autobiography of Emily Carr, Douglas & McIntyre, Vancouver, 2005

Emily Carr, The Book of Small, Douglas & McIntyre, Vancouver, 2004

Emily Carr, Klee Wyck, Douglas & McIntyre, Vancouver, 2003

Monika Czernin, Anna Sacher und ihr Hotel, Albrecht Knaus, München, 2014

Simone de Beauvoir, In den besten Jahren, Rowohlt, Reinbek, 1969

Christine de Pizan, La Cité des Dames, Stock, Domant, 2019

Tatiana de Rosnay, Manderley Forever, A Biography of Daphne du Maurier, St. Martin's Press, New York, 2017

Emily Dickinson, The Complete Poems, Faber and Faber, London, 1975

Sibylle Duda, Luise F. Pusch, WahnsinnsFrauen, Suhrkamp, Frankfurt, 1992

Daphne du Maurier, Mein Cornwall, Insel, Frankfurt, 2006

Ulrich Fellmeth (Hrsg.), Margarete von Wrangell und andere Pionierinnen, Die ersten Frauen an den Hochschulen in Baden und Württemberg, Scripta Mercaturae, St. Katharinen, 1998

Martin Fritsch (Hrsg.), Käthe Kollwitz, Zeichnung, Grafik, Plastik, E.A. Seemann, Leipzig, 1999

Petra Gerster, Andrea Stoll, Ihrer Zeit voraus, Frauen verändern die Welt, cbj, Random House, München, 2009

Sue M. Goldie (editor), Florence Nightingale in the Crimean War 1854-56, University of Iowa Press, Iowa City, 1987

Barbara Goldsmith, Marie Curie, Die erste Frau der Wissenschaft, Piper, München, 2020

Daisy Goodwin, Victoria, St. Martin's Press, New York, 2016

Alice Gudera et al., ... und sie malten doch! Geschichte der Malerinnen, Worpswede, Fischerhude, Bremen, Lilienthaler Kunststiftung, Bremen, 2007

Peter Härtling, Liebste Fenchel!, Das Leben der Fanny Hensel-Mendelssohn in Etüden und Intermezzi, dtv, München, 2016

Brigitte Hamann, Bertha von Suttner, Ein Leben für den Frieden, Piper, München, 1996

Florence Hervé (Hrsg.), Mit Mut und List, Europäische Frauen im Widerstand gegen Faschismus und Krieg, PappyRossa Verlag, Köln, 2020

Jennifer Hobhouse Balme, To Love One's Enemies, The Work and Life of Emily Hobhouse, Ibidem, Stuttgart, 2012

Edith Holden, The Country Diary of an Edwardian Lady, Kudos, Woodbridge, 2006

Deborah Jaffé, Geniale Frauen, Berühmte Erfinderinnen von Melitta Bentz bis Marie Curie, Piper, München, 2008

Georgette Jeanclaude, Un Amour de Beethoven, Marie Bigot de Morogues, Pianiste, Oberlin, Strasbourg, 1992

Mitchell A. Leaska (editor), Virginia Woolf, A Passionate Apprentice, Harvest, San Diego, 1992

Astrid Lindgren, Die Menschheit hat den Verstand verloren, Tagebücher 1939-1945, Ullstein, Berlin, 2015

Wangari Maathai, The Challenge for Africa, Arrow Books, London, 2009

Debra N. Mancoff, Jane Morris, The Pre-Raphaelite Model of Beauty, Pomegranate, San Francisco, 2000

Valeria Manferto de Fabians (Hrsg.), Die einflussreichsten Frauen unserer Zeit, White Star, Mailand, 2018

Jan Marsh, Jane and May Morris, A Biographical Story 1839-1938, Pandora, London, 1986

Ann Morley, Liz Stanley, The Life and Death of Emily Wilding Davison, The Women's Press, London, 1988

Andrew Morton, Diana, Her true story – In her own words, Michael O'Mara Books Ltd., London, 2017
Emmeline Pankhurst, Suffragette, Die Geschichte meines Lebens, Steidl Verlag, Göttingen, 2016
Georg Popp, Große Frauen der Welt, Arena, Würzburg, 1980
Angelika U. Reutter, Anne Rüffer, Peace Women, The eleven Women who received the Nobel Peace Prize, Rüffer+Rub, Zürich, 2004
Anna Eunike Röhrig, Klug, schön und gefährlich, Die 100 berühmtesten Frauen der Weltgeschichte, C.H. Beck, München, 2007
George Sand, Histoire de ma vie, Flammarion, Paris, 2001
Udo Sautter, Die 101 wichtigsten Personen der Weltgeschichte, C.H. Beck, München, 2006
Martha Schad, Frauen, die die Welt bewegten, Pattloch, München, 2000
Jeanne Schulkind (editor), Virginia Woolf, Moments of Being, Random House, London, 2002
Armin Strohmeyr, Abenteuer reisender Frauen, Piper, München, 2016
Armin Strohmeyr, Einflussreiche Frauen, Piper, München, 2015
Lisa Tickner, Dante Gabriel Rossetti, Tate Publishing, London, 2003
Margit Twellmann (Hrsg.), Lida Gustava Heymann, Anita Augspurg, Erlebtes, Erschautes, Deutsche Frauen kämpfen für Freiheit, Recht und Frieden, Helmer Verlag, Frankfurt, 1972
Frederick van Guard, Charles und Diana, Bastei Lübbe, Bergisch Gladbach, 1981
Karl Heinz Wocker, Königin Victoria, Die Geschichte eines Zeitalters, Heyne, München, 1978
Virginia Woolf, Ein eigenes Zimmer, Fischer, Frankfurt am Main, 2012
Dieter Wunderlich, EigenSinnige Frauen, Piper, München, 2016
Dieter Wunderlich, Unerschrockene Frauen, Piper, München, 2014
Margarete Zimmermann, Christine de Pizan, Rowohlt, Reinbek, 2002

# Nachwort

Am Ende gilt doch nur, was wir getan und gelebt – und nicht, was wir ersehnt haben.

Arthur Schnitzler

# Nachtrag: From the Edge of the World

# April White— *S<u>G</u>aana Jaad*, Haida Artist

Dadens *Yaghu'jaanaas* Raven Clan
Old Massett, Haida Gwaii

April White—*S<u>G</u>aana Jaad*—is a distinguished Haida woman of the Old Masset Band. She was born in Queen Charlotte City, Haida Gwaii into the Dadens *Yaghu'jaanaas* Raven Clan. She is a direct descendant of the renowned *Stastas* Eagle Chief and Haida artist, Charles Edenshaw and his wife Haida weaver, Isabella Edenshaw.

April was honoured by being given the name *S<u>G</u>aana Jaad* (Killer Whale Woman) by the elders of her clan, at the *Stastas* Eagle Chieftainship Potlatch where her uncle, Morris White, took the name Chief Edenshaw. The size and the importance of this potlatch gave her increased stature within the clan, and the right to potlatch herself.

After graduating from UBC with a BSc in Geology April worked in the field as a geologist, and later as a commercial fisher. There in the wilderness, April found herself with the inspiration and the desire to begin learning the artistic techniques needed to render the surrounding landscapes and seascapes. From early on she was inspired to capture the decaying evidence of the Haida heritage in the ancient villages of the islands.

April quickly became known for her ability to integrate traditional formline depictions of the characters of Haida myth into a naturalistic setting to create a powerfully surrealistic dual imagery. After only three years of painting—while working fulltime doing geological fieldwork—art became April's primary source of income. April White has been a professional artist for nearly three decades.

Since 1987, April has been publishing, distributing and hand-pulling her own prints. Her ever expanding repertoire of media has grown to include watercolour and acrylic painting, graphic design, screen-printing, button blanket and regalia design and creation, argillite sculpture, paddle carving and painting, as well as cedar bark papermaking. April also writes—she weaves her words like the spruce roots in Haida clan hats to create just the right vision to express the story behind each one of her images and prints.

April's watercolour techniques —using the white of the paper and building up colour through multiple-glazings with wet on wet, then dry brush techniques—are much admired. Her wide range of subjects include Haida natural landscapes, modern history-making events: potlatches, pole raisings; depictions of the moss covered ancestral poles, and culturally significant figurative work. April's art cover everything from the everyday to the supernatural—often combining the two.

In 2008 April was invited to explore an opportunity to mentor and teach a screen-printing workshop in a traditional longhouse, *Tluu Xaada Naay*, in Old Massett, Haida Gwaii. The outcome of this project was that she and her students created a marketable limited-edition print using museum quality materials.

In 2009 she was honoured with an Outstanding Business Achievement Award for BC Aboriginal Business Awards. She has been the subject of numerous magazine articles, a self-titled book, and featured in a BC Knowledge Network Series. She has travelled internationally representing her art, her country, and the Haida Nation. Recently, she was the 2014 winner of the Pacific Salmon Foundation competition for the 2015-16 Fisheries Conservation Stamp—the first Indigenous artist to do so.

April White is a dedicated and talented artist devoted to her heritage and people. The young and elders alike in the Haida community share in her achievements—she is one of their own. They respect and admire April's artistic ability, her work ethic, and her commitment to the accurate, sensitive, and dynamic contemporary depiction of the traditions her people. April also shows her commitment to the preservation of her culture in the accessible yet poetic stories she creates to accompany each of her images of Haida legends and mythologies. Her work is continuing to develop which is an indication of her dedication and continued immersion in her cultural traditions and language.

April White is not only a professional artist she is active in her community. She has donated her works as well her time by mentoring individuals and sharing hard won knowledge. She volunteers as a member of the University of Victoria, Peter B. Gustavson of Business advisory board for Aboriginal Canadian Entrepreneurs for Artists (AACE)—striving to help fellow artists gain the financial independence she herself has attained to inspire and allow individuals to stay in their communities where jobs are scarce but where they call home.

These words quoted on the back cover of the retrospective book about the art of April White—*SGaana Jaad*: "Chief Charles Edenshaw stated, 'I would leave my hands to my grandchildren'. Chief Edenshaw Morris White stated, 'The work we do will speak for itself'. With the hands of her ancestors and with the Haida eye, *SGaana Jaad* has honored the family traditions of art. Like her Edenshaw ancestors, she is passing on to them a great Legacy of Art, Inspiration, Integrity and History. April White honors family tradition, because the ancestors have said "our works and hands create our legacy and wealth."

A prime example of the power of April's art can be seen in the exhibit commissioned by the Peter Wall Institute to produce a mixed media installation entitled "The Herring People," that addressed the scientific, legal and policy issues surrounding the current herring fishery dispute in Haida Gwaii. This body of work shows her commitment to artistic excellence, and insight into her passion for interpreting Haida culture through her art.

This exhibit is art in action, where people of many different backgrounds can find inspiration, common ground and consensus. April drew on her accomplishment as an artist and her background as a scientist, thereby, serving as an ambassador on behalf of the Haida Nation to leading researchers from around the world.

April is an artist who has the passion and potential to change the way we think about art, First Nations culture, and the world.